DOCUMENTS PUBLICS

POUR SERVIR A L'HISTOIRE DE LA GUERRE DE 1870-1871

VIII

RECUEIL

DES

DÉPÊCHES FRANÇAISES

OFFICIELLES

Circulaires, Proclamations, Rapports militaires

ORDRES DU JOUR

Résumant tous les faits importants qui se sont passés pendant
la guerre franco-prussienne

6 juillet 1870 — 28 mai 1871

CLASSÉS PAR

PAUL CHASTEAU

3ᵉ SÉRIE

LA PAIX — LE SECOND SIÉGE DE PARIS

Du 16 février au 27 mai 1871

Prix : 1 fr. 50

PARIS

LIBRAIRIE INTERNATIONALE

A. LACROIX, VERBOECKHOVEN ET Cⁱᵉ, ÉDITEURS

15, boulevart Montmartre et faubourg Montmartre, 13

MÊME MAISON A BRUXELLES, A LIVOURNE ET A LEIPZIG

1871

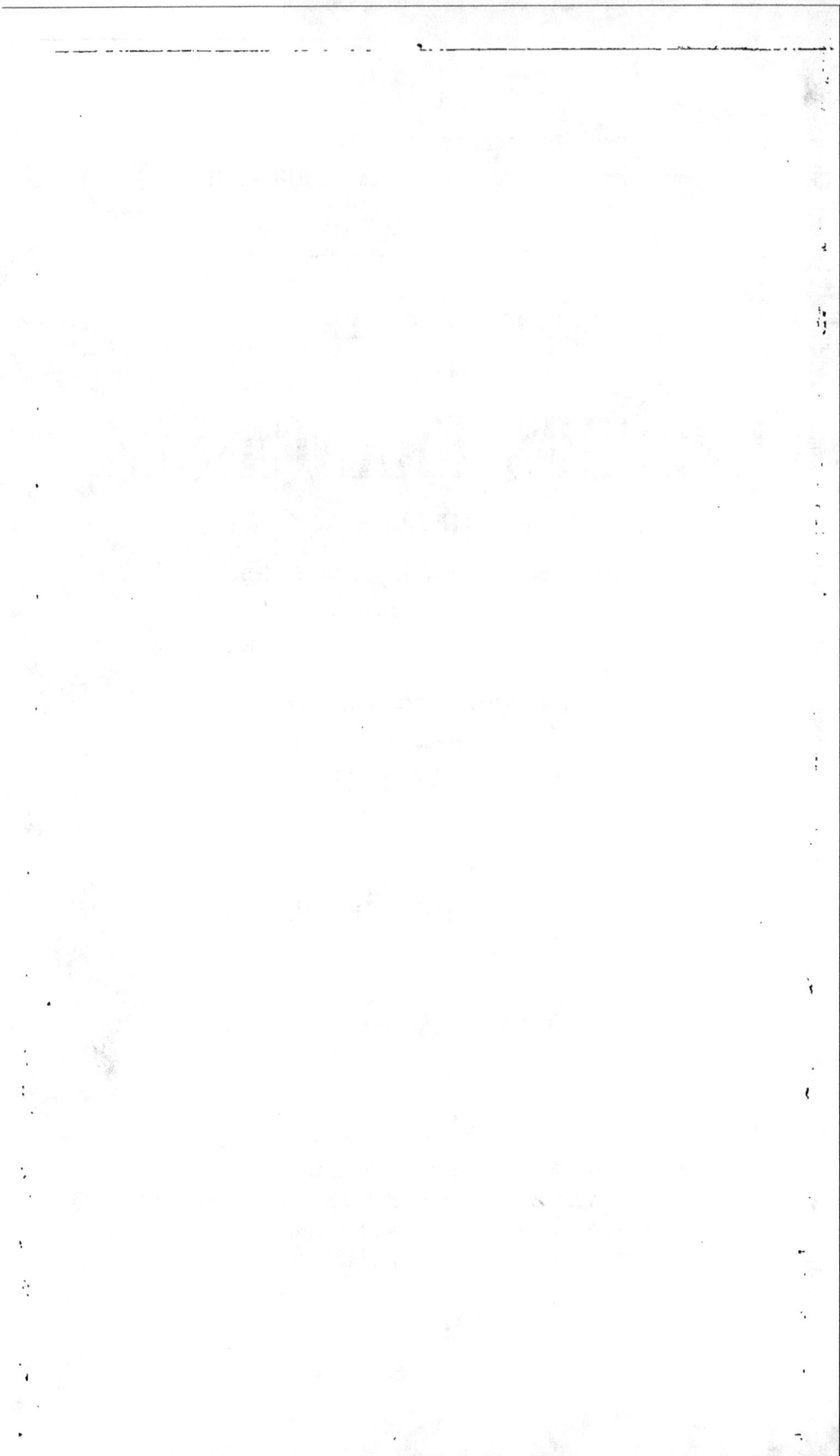

RECUEIL

DÉPÊCHES FRANÇAISES

OFFICIELLES

Paris. — Imp. Émile Voitelain et Cᵉ, rue J.-J. Rousseau, 61.

DOCUMENTS PUBLICS

POUR SERVIR A L'HISTOIRE DE LA GUERRE DE 1870-1871

VIII

RECUEIL

DES

DÉPÊCHES FRANÇAISES

OFFICIELLES

Circulaires, Proclamations, Rapports militaires

ORDRES DU JOUR

Résumant tous les faits importants qui se sont passés pendant
la guerre franco-prussienne

6 juillet 1870 — 28 mai 1871

CLASSÉS PAR

PAUL CHASTEAU

3e SÉRIE

LA PAIX — LE SECOND SIÉGE DE PARIS

Du 16 février au 27 mai 1871

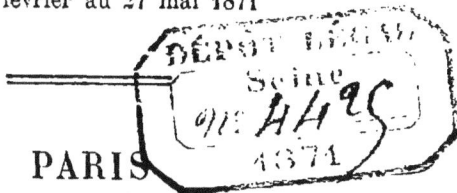

PARIS

LIBRAIRIE INTERNATIONALE

A. LACROIX, VERBOECKHOVEN et Cie, ÉDITEURS

15, boulevart Montmartre et faubourg Montmartre, 13

MÊME MAISON A BRUXELLES, A LIVOURNE ET A LEIPZIG

1871

RECUEIL

DES

DÉPÊCHES FRANÇAISES

OFFICIELLES

Intérieur à préfets.

Bordeaux, 17 février, 3 h. matin.

Le bureau de la Chambre a été constitué ainsi :

M. Grévy, président, 519 voix sur 536.

MM. Martel, 427; Benoist-d'Azy, 391; Vitet, 319; Léon de Malleville, 285 voix, vice-présidents.

MM. Baze, 458; général Martin des Pallières, 436; Princeteau, 222 voix, questeurs.

MM. Bethmont, 449; de Rémusat, 412; de Barante, 330; Johnston, 259 voix, secrétaires.

La proposition suivante a été déposée sur le bureau de l'Assemblée :

« Les représentants du peuple soussignés proposent à l'Assemblée nationale la résolution suivante : M. Thiers est nommé chef du pouvoir exécutif de la République française. Il exercera ses pouvoirs sous le contrôle de l'Assemblée nationale et avec le concours des ministres qu'il aura choisis et qu'il présidera.

« Signé : Dufaure, Grévy, Vitet, de Malleville, Rivet, Mathieu de la Redorte, Barthélemy Saint-Hilaire. »

Cette proposition sera discutée demain en séance publique.

Assemblée nationale

Séance du 17 février 1871.

. . , ...
. . . .

PROPOSITION

M. Keller. Je suis convaincu, Messieurs, que la proposition que j'ai l'honneur de déposer au nom des représentants du Haut-Rhin, du Bas-Rhin, de la Moselle, aura votre assentiment unanime, car il s'agit de notre honneur, de l'unité nationale, et, sur ce point, il ne saurait y avoir de dissidence dans une Assemblée française. Voici la déclaration qui nous est dictée par le vote unanime de nos électeurs. Expression de la volonté des populations, c'est un élément sérieux des négociations qui vont s'ouvrir, car en pleine civilisation, il ne s'aurait être permis de disposer des peuples sans leur assentiment. (Bravo !)

Nous, soussignés, citoyens français, choisis et députés par les départements du Bas-Rhin, du Haut-Rhin, de la Moselle, de la Meurthe et des Vosges pour apporter à l'Assemblée nationale de France l'expression de la volonté unanime des populations de l'Alsace et de la Lorraine, après nous être réunis et en avoir délibéré, avons résolu d'exposer, dans une déclaration solennelle, leurs droits sacrés et inaliénables, afin que l'Assemblée nationale, la France et l'Europe, ayant sous les yeux les vœux et les résolutions de nos commettants, ne puissent consommer ni laisser consommer aucun acte de nature à porter atteinte aux droits dont un mandat formel nous a confié la garde et la défense.

DÉCLARATION

1. L'Alsace et la Lorraine ne veulent pas être aliénées.

Associées depuis plus de deux siècles à la France dans la bonne comme dans la mauvaise fortune, ces deux provinces, sans cesse exposées aux coups de l'ennemi, se sont constamment sacrifiées pour la grandeur nationale; elles ont scellé de leur sang l'indissoluble pacte qui les rattache à l'unité française. Mises aujourd'hui en question par les prétentions étrangères, elles affirment, à travers tous les obstacles et tous les dangers, sous le joug même de l'envahisseur, leur inébranlable fidélité. Tous unanimes, les citoyens demeurés dans leurs foyers, comme les soldats accourus sous les drapeaux, les uns en votant, les autres en combattant, signifient à l'Allemagne et au monde l'immuable volonté de l'Alsace et de la Lorraine de rester terre française. (Applaudissements.)

La France ne peut consentir à signer la session de la Lorraine et de l'Alsace.

Elle ne peut pas, sans mettre en péril la continuité de son existence nationale, porter elle-même un coup mortel à sa propre unité en abandonnant ceux qui ont conquis par deux cents ans de dévouement politique le droit d'être défendus par le pays tout entier contre les entreprises de la force victorieuse.

Une Assemblée, même issue du suffrage universel, ne pourrait invoquer sa souveraineté pour couvrir ou ratifier des exigences destructives de l'intégrité nationale. (Bravo!

à gauche.) Elle s'arrogerait un droit qui n'appartient même pas au peuple réuni dans ses comices. (Très-bien! très bien!) Un pareil excès de pouvoir, qui aurait pour effet de mutiler la mère commune, dénoncerait aux justes sévérités de l'histoire ceux qui s'en rendraient coupables.

La France peut subir les coups de la force, elle ne peut sanctionner ses arrêts. (Bravo! sur les mêmes bancs!)

L'Europe ne peut permettre ni ratifier l'abandon de l'Alsace et de la Lorraine.

Gardiennes des règles de la justice et du droit des gens, les nations civilisées ne sauraient rester plus longtemps insensibles au sort de leur voisine, sous peine d'être à leur tour victimes des attentats qu'elles auraient tolérés. L'Europe moderne ne peut laisser saisir un peuple comme un vil troupeau, elle ne peut rester sourde aux protestations répétées des populations menacées; elle doit à sa propre conservation d'interdire de pareils abus de la force. Elle sait d'ailleurs que l'unité de la France est aujourd'hui comme par le passé une garantie de l'ordre général du monde, une barrière contre l'esprit de conquête et d'invasion. La paix faite au prix d'une cession de territoire ne serait qu'une trêve ruineuse et non une paix définitive. Elle serait pour tous une cause d'agitations intestines, une provocation légitime et permanente à la guerre.

En résumé, l'Alsace et la Lorraine protestent hautement contre toute cession; la France ne peut la consentir; l'Europe ne peut la sanctionner.

En foi de quoi nous prenons nos concitoyens de France, les gouvernements et les peuples du monde entier à témoin que nous tenons d'avance comme nuls et non avenus, tous actes et traités, vote ou plébiscite, qui consentiraient à abandonner en faveur de l'étranger du tout ou partie de l'Alsace et de la Lorraine.

Nous proclamons par les présentes à jamais inviolable

le droit des Alsaciens et des Lorrains de rester membres de la nation française, et nous jurons, tant pour nous que pour nos commettants, leurs enfants et leurs descendants de le revendiquer éternellement et par toutes les voies envers et contre tout usurpateur. (Applaudissements)

Il me semble, ajoute l'orateur, que cette proposition s'impose d'urgence et que l'Assemblée ne saurait refuser de l'examiner sur-le-champ. Elle sait dans quelle anxiété vivent des provinces de la France menacées d'être arrachées à la patrie commune.

Mettez-vous à notre place : je sais qu'au fond du cœur vous pensez comme nous que l'Alsace et la Lorraine veulent rester françaises, que vous les aimez comme elles vous aiment. (Oui! oui!) Osez le dire en face de l'Europe, en face du monde civilisé et en présence de cette force matérielle qui prétend s'imposer, vous créerez la force morale, qui en définitive triomphe toujours, vous la créerez et vous la donnerez à vos négociateurs.

La paix! nous la désirons tous; mais la véritable paix ne peut se fonder que sur la justice. Eh bien, nous voulons le maintien de la justice, et nous attestons d'avance contre la plus cruelle des iniquités. (Marques d'approbation.)

Je demande que l'Assemblée entière donne à l'Alsace et à la Lorraine un témoignage d'inviolable attachement. Nous sommes comme le marin qui a vu sombrer son navire et qui tend les mains vers ceux qui peuvent le sauver. Nous vous tendons la main, ne nous refusez pas la vôtre. (Nouveaux applaudissements.)

M. Keller ayant demandé l'urgence, l'Assemblée est consultée sur l'urgence de la proposition Keller; l'urgence est votée par acclamation.

Le président propose le renvoi à demain dans les bureaux. M. Rochefort demande le renvoi immédiat aux bureaux.

Le président consulte la Chambre, qui décide qu'elle se retirera immédiatement dans ses bureaux.

. . . .

. . . .

Le président donne la parole au rapporteur sur la proposition présentée par M. Keller et au nom des députés de l'Alsace et de la Lorraine.

M. Beulé, rapporteur, rend compte des discussions qui ont eu lieu dans les bureaux et au sein de la commission.

La commission, à l'unanimité de ses membres moins un, substitue à la proposition de M. Keller la résolution suivante :

« L'Assemblée nationale, accueillant avec les plus vives sympathies la déclaration de M. Keller et de ses collègues de l'Alsace et de la Lorraine, s'en remet à la sagesse et au patriotisme des négociateurs. » (Très-bien ! très-bien ! — Aux voix ! aux voix !)

Le président met aux voix la proposition. Elle est adoptée.

. . . .

. . . .

Le président appelle à la tribune le rapporteur sur la proposition de MM. Dufaure, Grévy, etc., relative au pouvoir exécutif. Cette proposition est mise aux voix et adoptée à l'unanimité.

Elle était ainsi conçue :

« L'Assemblée nationale, dépositaire de l'autorité souveraine de la nation, en attendant qu'il soit statué sur les institutions de la France, considérant qu'il importe de pourvoir au gouvernement actuel du pays et à la conduite des affaires, décrète :

« M. Thiers est nommé chef du pouvoir exécutif de la République française. Il exercera ses fonctions sous le contrôle et l'autorité de l'Assemblée nationale et avec le concours des ministres qu'il aura choisis et qu'il présidera. »

Discours de M. Thiers

Chef du pouvoir exécutif, président du Conseil des Ministres

Assemblée nationale. — Séance du 19 février 1871

MESSIEURS,

Je dois, avant toutes choses, vous remercier, non pas du fardeau accablant dont vous venez de me charger, mais du témoignage de confiance que vous m'avez donné dans la journée d'avant-hier. Quoique effrayé de la tâche difficile, périlleuse et surtout douloureuse qui m'est imposée, je n'ai éprouvé qu'un sentiment, un seul, celui de l'obéissance, immédiate, absolue, à la volonté du pays, qui doit être d'autant plus obéi, d'autant mieux servi, d'autant plus aimé, qu'il est plus malheureux. (Très-bien! très-bien!)

Hélas! oui, il est malheureux plus qu'il ne le fut à aucune époque de son histoire si vaste, si accidentée, si glorieuse, où on le voit tant de fois précipité dans un abîme d'infortune, pour remonter tout à coup au faîte de la puissance et de la gloire (très-bien! très-bien!) et ayant constamment la main dans tout ce qui a été fait de grand, de beau, d'utile à l'humanité! (Très-bien! trèsbien!)

Il est malheureux, sans doute, mais il reste l'un des pays les plus grands, les plus puissants de la terre, toujours ferme, fier, inépuisable en ressources, toujours héroïque surtout: témoin cette longue résistance de Paris, qui demeurera l'un des monuments de la constance et de l'énergie humaine! (Vive adhésion.)

Plein de confiance dans les puissantes facultés de notre chère patrie, je me rends sans hésitation, sans calcul, à la volonté nationale par vous exprimée, et me voici à votre appel, à vos ordres, si je puis dire, prêt à vous obéir, avec une réserve toutefois, celle de vous résister si entraînés par un sentiment généreux mais irréfléchi, vous me demandiez ce que la sagesse politique condamnerait, comme je le fis, il y a huit mois, lorsque je me levai soudainement pour résister aux entraînements funestes qui devaient nous conduire à une guerre désastreuse. (Mouvement.)

Dans l'intérêt de l'unité d'action, vous m'avez laissé le choix de mes collègues; je les ai choisis sans autre motif de préférence que l'estime publique universellement accordée à leur caractère, à leur capacité, et je les ai pris, non pas dans l'un des partis qui nous divisent, mais dans tous, comme a fait le pays lui-même en vous donnant ses votes, et en faisant figurer souvent sur la même liste, les plus divers, les plus opposés en apparence, mais unis par le patriotisme, les lumières et la communauté des bonnes intentions. (Marques générales d'approbation.)

Permettez-moi de vous énumérer les noms, les attributions des collègues qui ont bien voulu me prêter leur concours :

M. Dufaure, ministre de la justice ;

M. Jules Favre, ministre des affaires étrangères;

M. Picard, ministre de l'intérieur;

M. Jules Simon, ministre de l'instruction publique ;

M. de Larcy, ministre des travaux publics;

M. Lambrecht, ministre du commerce;

M. le général Le Flô, ministre de la guerre;

M. l'amiral Pothuau, ministre de la marine.

Dans cette énumération manque le nom du ministre des finances. Le choix est déjà arrêté dans la pensée du conseil, mais l'honorable membre auquel sera attribué ce département n'étant point encore à Bordeaux, je n'ai pas cru devoir livrer son nom à la publicité.

Vous avez remarqué sans doute que je ne me suis chargé d'aucun département ministériel, afin d'avoir plus de temps pour amener à une même pensée, entourer d'une même vigilance toutes les parties du gouvernement de la France.

Sans vous apporter aujourd'hui un programme de gouvernement, ce qui est toujours un peu vague, je me permettrai de vous présenter quelques réflexions sur cette pensée d'union qui me dirige et de laquelle je voudrais faire sortir la reconstitution actuelle de notre pays.

Dans une société prospère, régulièrement constituée, cédant paisiblement, sans secousse, au progrès des esprits, chaque parti représente un système politique, et les réunir tous dans une même administration, ce serait, en opposant des tendances contraires qui s'annuleraient réciproquement ou se combattraient, ce serait aboutir à l'inertie ou au conflit.

Mais, hélas! une société régulièrement constituée, cédant doucement au progrès des esprits, est-ce là notre situation présente?

La France, précipitée dans une guerre sans motif sérieux, sans préparation suffisante, a vu une moitié de son sol envahie, son armée détruite, sa belle organisation brisée, sa vieille et puissante unité compromise, ses finances ébranlées, la plus grande partie de ses enfants arrachés au travail pour aller mourir sur les champs de bataille, l'ordre profondément troublé par une subite apparition de l'anarchie, et après la reddition forcée de Paris, la guerre suspendue pour quelques jours seulement, et prête à renaître si un gouvernement estimé de l'Europe, acceptant courageusement le pouvoir, prenant sur lui la responsabilité de négociations douloureuses, ne vient mettre un terme à d'effroyables calamités!

En présence d'un pareil état de choses, y a-t-il, peut-il y avoir deux politiques? Et, au contraire, n'y en a-t-il pas une seule, forcée, nécessaire, urgente, consistant à faire cesser le plus promptement possible les maux qui nous accablent?

Quelqu'un pourrait-il soutenir qu'il ne faut pas le plus tôt, le plus complétement possible, faire cesser l'occupation étrangère, au moyen d'une paix courageusement débattue, et qui ne sera acceptée que si elle est honorable? (Applaudissements.)

Débarrasser nos campagnes de l'ennemi qui les foule et les dévore; rappeler des prisons étrangères nos soldats, nos officiers, nos généraux prisonniers; reconstituer avec eux une armée disciplinée et vaillante; rétablir l'ordre troublé; remplacer ensuite sur le champ les administrateurs démissionnaires ou indignes; reformer par élection nos conseils généraux, nos conseils municipaux dissous (vive approbation!); reconstituer ainsi notre administration désorganisée; faire cesser des dépenses ruineuses; relever sinon nos finances, ce qui ne saurait être l'œuvre d'un jour, du moins notre crédit, moyen unique de faire face à des engagements pressants; renvoyer aux champs, aux ateliers, nos mobiles, nos mobilisés; rouvrir les routes interceptées, relever les ponts détruits, faire renaître ainsi le travail suspendu, le travail qui peut seul procurer le moyen de vivre à nos ouvriers, à nos paysans! (Très-bien! très-bien!)

Y a-t-il quelqu'un qui pourrait nous dire qu'il y a quelque chose de plus pressant que tout cela? Et y aurait-il, par exemple, quelqu'un ici qui oserait discuter savamment des articles de constitution, pendant que nos prisonniers expirent de misère dans des contrées lointaines ou pendant que nos populations mourantes de faim sont obligées de livrer aux soldats étrangers le dernier morceau de pain qui leur reste? (Nouvelles et vives approbations.)

Non, non, Messieurs, pacifier, réorganiser, relever le crédit, ranimer le travail, voilà la seule politique possible et même concevable en ce moment. A celle-là, tout homme sensé, honnête, éclairé, quoi qu'il pense sur la monarchie ou sur la république, peut travailler utilement, dignement; et n'y eût-il travaillé qu'un an, six mois, il pourra rentrer dans le sein de la patrie, le front haut, la conscience satisfaite. (Très-bien! très-bien!)

Ah! sans doute, lorsque nous aurons rendu à notre pays les services pressants que je viens d'énumérer, quand nous aurons relevé du sol où il gît le noble blessé qu'on appelle la France, quand nous aurons fermé ses plaies, ranimé ses forces, nous le rendrons à lui-même, et, rétabli alors, ayant recouvré la liberté de ses esprits, il verra comment il veut vivre. (Très-bien! très-bien!)

Quand cette œuvre de réparation sera terminée, et elle ne saurait être bien longue, le temps de discuter, de peser les théories du gouvernement sera venu; et ce ne sera plus un temps dérobé au pays. Déjà un peu éloignés des souffrances d'une révolution, nous aurons retrouvé notre sang-froid; ayant opéré notre reconstitution sous le gouvernement de la République, nous pourrons prononcer en connaissance de cause sur nos destinées, et ce jugement sera prononcé, non par une minorité, mais par la majorité des citoyens, c'est-à-dire par la volonté nationale elle-même. (Nouveau mouvement d'approbation.)

Telle est la seule politique possible, nécessaire, adaptée aux circonstances douloureuses où nous nous trouvons. C'est celle à laquelle mes honorables collègues sont prêts à dévouer leurs facultés éprouvées; c'est celle à laquelle, pour ma part, malgré l'âge et les fatigues d'une longue vie, je suis prêt à consacrer les forces qui me restent, sans calcul, sans autre ambition, je vous l'assure, que celle d'attirer sur mes derniers jours les regrets de mes concitoyens (applaudissements prolongés) et permettez-moi d'ajouter, sans même être assuré, après le plus complet dévouement, d'obtenir justice pour mes efforts. (Nouvelle et vive approbation.) Mais n'importe, devant le pays qui souffre, qui périt, toute considération personnelle serait impardonnable.

Unissons-nous, Messieurs, et disons-nous bien qu'en nous montrant capables de concorde et de sagesse, nous obtiendrons l'estime de l'Europe, avec son estime son concours, de plus le respect de l'ennemi lui-même, et ce sera la plus grande force que vous puissiez donner à vos négociateurs pour défendre les intérêts de la France dans les graves négociations qui vont s'ouvrir.

Sachez donc renvoyer à un terme qui ne saurait être bien éloigné des divergences de principes qui nous ont divisés, qui nous diviseront peut-être encore; mais n'y revenons que lorsque ces divergences, résultat, je le sais, de convictions sincères, ne seront pas un attentat contre l'existence et le salut du pays. (Applaudissements répétés.)

Intérieur à Préfets.

Bordeaux, 19 février, 6 h. 15.

Je vous confirme que l'armistice est prolongé jusqu'au 24 à midi, sauf renouvellement ultérieur aux mêmes conditions que les précédentes; en ce qui touche Belfort, la place est rendue, mais elle a obtenu tous les honneurs de la guerre.

Le ministre de l'intérieur,

Ernest Picard.

Circulaire

Le Ministre de l'intérieur à MM. les Préfets et Sous-Préfets

Bordeaux, 23 février, 2 heures 55 matin.

Le Gouvernement a reçu l'avis que les négociations avec la Prusse se poursuivaient activement, mais jusqu'à ce moment aucun renseignement ne lui a été transmis sur le caractère de ces négociations. Dès qu'il recevra une dépêche de nature à intéresser la population, il s'empressera de la lui faire connaître. Le public doit donc se tenir en garde contre les bruits contradictoires qui circulent de toutes parts, et qui sont absolument dénués de fondement.

Le ministre de l'intérieur par intérim,

Signé : JULES SIMON.

Proclamation du Ministre de l'intérieur

Les préliminaires de paix viennent d'être signés aujourd'hui. Ils seront soumis au vote de l'Assemblée nationale. Un nouvel armistice de quinze jours fait cesser dès à présent les contributions et les réquisitions de guerre que chaque jour aggravait.

Malgré tous les efforts, il n'a pas été possible d'empêcher l'entrée, dans certains quartiers de Paris, d'une partie de l'armée allemande.

Nous n'avons pas besoin de dire les sentiments que fait naître en nous cette épreuve que le gouvernement aurait voulu épargner à la ville de Paris. Les négociateurs allemands avaient proposé de renoncer à toute entrée dans Paris, si l'importante place de Belfort leur était concédée définitivement.

Il leur a été répondu que si Paris pouvait être consolé dans sa souffrance, c'était par la pensée que cette souffrance valait au pays la restitution d'un de ses boulevards, tant de fois, et naguère encore, illustré par la résistance de nos soldats.

Nous faisons donc appel au patriotisme des habitants de Paris, en les conjurant de rester calmes et unis. La dignité dans le malheur est à la fois l'honneur et la force de ceux que la fortune a trahis; elle doit être aussi leur espérance d'un meilleur avenir.

Le Ministre de l'intérieur,
ERNEST PICARD.

Paris, le 26 février 1871.

Assemblée nationale

Séance du 28 février 1871

. . . .

. . . .

COMMUNICATION DU GOUVERNEMENT

M. THIERS, *chef du pouvoir exécutif, président du conseil des ministres.* — Messieurs, vous m'avez imposé une mission douloureuse. Tous les efforts dont j'étais capable, tous ceux dont était capable mon honorable collègue, M. Jules Favre, nous les avons faits pour nous montrer dignes de vous, dignes du pays. D'ailleurs, la commission que vous avez envoyée avec nous à Paris, et qui a vu tout ce qui s'est passé, qui a été témoin de tous nos efforts, de toutes nos douleurs, aura plus tard à s'en expliquer devant vous.

Pour le présent, je me bornerai à vous lire le projet de loi suivant, que nous vous proposons.

Je vous demanderai la permission de charger ensuite un de nos collègues de lire le texte du traité. Dans l'impatience où j'étais de me rendre au milieu de vous, je n'ai pas pris un instant de repos.

Voici le texte du projet de loi :

Le chef du pouvoir exécutif de la République française propose à l'Assemblée nationale le projet de loi dont la teneur suit :

L'Assemblée nationale, subissant les conséquences de faits dont elle n'est pas l'auteur, approuve les préliminaires de paix dont le texte est ci annexé, et qui ont été signés à Versailles, le 26 février 1871, par le chef du pouvoir exécutif et le ministre des affaires étrangères de la République française, d'une part;

Et d'autre part, par le chancelier germanique, M. le comte Otto de Bismarck Schœnhausen, le ministre d'État et des affaires étrangères de S. M. le roi de Bavière, le ministre des affaires étrangères de S. M. le roi de Wurtemberg, et le ministre d'État représentant S. A. le grand-duc de Bade, et autorise le chef du pouvoir exécutif et le ministre des affaires étrangères à échanger les ratifications.

Teneur des préliminaires de paix, dont lecture a été faite à l'Assemblée nationale et dont l'instrument authentique reste déposé aux Archives du ministère des affaires étrangères.

Le chef du pouvoir exécutif de la République française,

A. THIERS.

Pour le ministre des affaires étrangères,

DUFAURE.

Je demande à la Chambre de déclarer l'urgence. Des circonstances de la plus haute gravité exigent que nous perdions le moins de temps possible pour l'échange des ratifications. Ce sera le signal du retour de nos prisonniers et de l'évacuation d'une grande partie du territoire, y compris Paris. (Mouvement prolongé.)

M. Barthélemy-Saint-Hilaire donne lecture du texte des préliminaires de paix, qui sont ainsi conçus :

« Entre le chef du pouvoir exécutif de la République française, M. Thiers, et

« Le ministre des affaires étrangères, M. J. Favre, représentant de la France, d'un côté ;

« Et de l'autre :

« Le chancelier de l'empire germanique, M. le comte Otto de Bismarck Schoenhausen, muni des pleins pouvoirs de S. M. l'empereur d'Allemagne, roi de Prusse ;

« Le ministre d'État et des affaires étrangères de S. M. le roi de Bavière, M. le comte Otto de Bray-Stainburg ;

« Le ministre des affaires étrangères de S. M. le roi de Wurtemberg, le baron Auguste de Wachter ;

« Le ministre d'État, président du conseil des ministres de S. A. Mgr le grand-duc de Bade, M. Jules Jolly, représentant de l'empire germanique.

« Les pleins pouvoirs des parties contractantes ayant été trouvés en bonne et due forme, il a été convenu ce qui suit, pour servir de base préliminaire à la paix définitive à conclure ultérieurement.

« Art. 1er. — La France renonce en faveur de l'empire allemand à tous ses droits et titres sur les territoires situés à l'est de la frontière ci-après désignée : ..... » Je ne lirai pas, dit l'honorable membre, l'énumération des territoires indiqués dans l'article 1er. Elle remplit deux pages et pourrait produire de l'obscurité dans les esprits. Je dirai, en la résumant, que les quatre cinquièmes de la Lorraine nous restent ; qu'en Alsace, nous conservons Belfort. Malheureusement, dans la Lorraine, nous perdons Metz. (Mouvement.) Je dois ajouter que la délimitation insérée dans l'article 1er n'est pas absolument définitive.

Voici la fin de l'article 1er et les article suivants :

« L'empire allemand possédera ces territoires à perpétuité, en toute souveraineté et propriété. Une commission internationale, composée des représentants des hautes parties contractantes, en nombre égal des deux côtés, sera chargée, immédiatement après l'échange des ratifications du présent traité, d'exécuter sur le terrain le tracé de la nouvelle frontière, conformément aux stipulations précédentes.

« Cette commission présidera au partage des biens-fonds et capitaux qui, jusqu'ici, ont appartenu à des districts ou des communes séparés par la nouvelle frontière; en cas de désaccord sur le tracé et les mises d'exécution, les membres de la commission en référeront à leur gouvernement respectif.

« La frontière, telle qu'elle vient d'être décrite, se trouve marquée en vert sur deux exemplaires conformes de la carte du territoire formant le gouvernement général d'Alsace publiée à Berlin en septembre 1870, par la division géographique et statistique de l'état-major général, et dont un exemplaire sera joint à chacune des deux expéditions du présent traité.

« Toutefois, le tracé indiqué a subi les modifications suivantes de l'œuvre des deux parties contractantes : dans l'ancien département de la Moselle, les villages de Marie-aux-Chênes, près de Saint-Privat-la-Montagne et de Vionville, à l'ouest de Rezonville, seront cédés à l'Allemagne. Par contre, la ville et les fortifications de Belfort resteront à la France avec un rayon qui sera déterminé ultérieurement.

« Art. 2. — La France paiera à S. M. l'empereur

d'Allemagne la somme de cinq milliards de francs. (Mouvement.)

« Le payement d'au moins un milliard de francs aura lieu dans le courant de l'année 1871, et celui de tout le reste de la dette dans un espace de trois années à partir de la ratification du présent article.

« Art. 3. — L'évacuation des territoires français occupés par les troupes allemandes commencera après la ratification du présent traité par l'Assemblée nationale siégeant à Bordeaux.

« Immédiatement après cette ratification, les troupes allemandes quitteront l'intérieur de la ville de Paris, ainsi que les forts situés à la rive gauche de la Seine, et dans le plus bref délai possible, fixé par une entente entre les autorités militaires des deux pays, elles évacueront entièrement les départements du Calvados, de l'Orne, de la Sarthe, d'Eure-et-Loir, du Loiret, de Loir-et-Cher, d'Indre-et-Loire, de l'Yonne, et, de plus, les départements de la Seine-Inférieure, de l'Eure, de Seine-et-Oise, de Seine-et-Marne, de l'Aube et de la Côte-d'Or, jusqu'à la rive gauche de la Seine.

« Les troupes françaises se retireront en même temps derrière la Loire, qu'elles ne pourront dépasser avant la signature du traité de paix définitif. Sont exceptées de cette disposition la garnison de Paris, dont le nombre ne pourra pas dépasser quarante mille hommes, et les garnisons indispensables à la sûreté des places fortes.

« L'évacuation des départements situés entre la rive droite de la Seine et les frontières de l'Est par les troupes allemandes, s'opérera graduellement après la ratification du traité de paix définitif et le paiement du premier demi-milliard de la contribution stipulée par l'article 2, en commençant par les départements les plus rapprochés de Paris, et se continuera au fur et à mesure que les versements de la contribution seront effectués ;

après le premier versement d'un demi-milliard, cette évacuation aura lieu dans les départements suivants : Somme, Oise, et les parties des départements de la Seine-Inférieure, Seine-et-Oise, Seine-et-Marne, situés sur la rive droite de la Seine, ainsi que la partie du département de la Seine et les forts situés sur la rive droite.

« Après le paiement de deux milliards, l'occupation allemande ne comprendra plus que les départements de la Marne, des Ardennes, de la Haute-Marne, de la Meuse, des Vosges, de la Meurthe, ainsi que la forteresse de Belfort avec son territoire, qui serviront de gage pour les trois milliards restants, et où le nombre des troupes allemandes ne dépassera pas cinquante mille hommes.

« S. M. l'empereur sera disposé à substituer à la garantie territoriale, consistant en l'occupation partielle du territoire français, une garantie financière, si elle est offerte par le Gouvernement français dans des conditions reconnues suffisantes par S. M. l'empereur et roi pour les intérêts de l'Allemagne. Les trois milliards, dont l'acquittement aura été différé, porteront intérêt à cinq pour cent à partir de la ratification de la présente convention.

« Art. 4. — Les troupes allemandes s'abstiendront de faire des réquisitions soit en argent, soit en nature, dans les départements occupés. Par contre, l'alimentation des troupes allemandes qui restent en France aura lieu aux frais du gouvernement français dans la mesure convenue avec l'intendance militaire allemande.

« Art. 5. — Les intérêts des habitants des territoires cédés par la France, en tout ce qui concerne leur commerce et leurs droits civils, seront réglés aussi favorablement que possible lorsque seront arrêtées les conditions de la paix définitive.

« Il sera fixé, à cet effet, un espace de temps, pendant lequel ils jouiront de facilités particulières pour la circulation de leurs produits. Le gouvernement allemand n'opposera aucun obstacle à la libre émigration des habitants des territoires cédés, et ne pourra prendre contre eux aucune mesure atteignant leurs personnes ou leurs propriétés.

« Art. 6. — Les prisonniers de guerre qui n'auront pas déjà été mis en liberté par voie d'échange, seront rendus immédiatement après la ratification des présents préliminaires. Afin d'accélérer le transport des prisonniers français, le gouvernement français mettra à la disposition des autorités allemandes, à l'intérieur du territoire allemand, une partie du matériel roulant de ses chemins de fer, dans une mesure qui sera déterminée par des arrangements spéciaux et aux prix payés en France par le gouvernement français pour les transports militaires.

« Art. 7. — L'ouverture des négociations pour le traité de paix définitif à conclure sur la base des présents préliminaires aura lieu à Bruxelles, immédiatement après la ratification de ces derniers par l'Assemblée nationale et par S. M. l'empereur d'Allemagne.

« Art. 8. — Après la conclusion et la ratification du traité de paix définitif, l'administration des départements devant encore rester occupés par les troupes allemandes sera remise aux autorités françaises; mais ces dernières seront tenues de se conformer aux ordres que les commandants des troupes allemandes croiraient devoir donner dans l'intérêt de la sûreté, de l'entretien et de la distribution des troupes.

« Dans les départements occupés, la perception des impôts après la ratification du présent traité s'opérera pour le compte du gouvernement français et par le moyen de ses employés.

« Art. 9. — Il est bien entendu que les présentes ne peuvent donner à l'autorité militaire allemande aucun droit sur les parties du territoire qu'elle n'occupe point actuellement.

« Art. 10. — Les présentes seront immédiatement soumises à la ratification de l'Assemblée nationale française siégeant à Bordeaux et de S. M. l'empereur d'Allemagne.

« En foi de quoi les soussignés ont revêtu le présent traité préliminaire de leurs signatures et de leurs sceaux.

Fait à Versailles, le 26 février 1871.

Signé : A. Thiers.   V. Bismarck.
            Jules Favre.

« Les royaumes de Bavière et de Wurtemberg et le grand-duché de Bade ayant pris part à la guerre actuelle comme alliés de la Prusse et faisant partie maintenant de l'Empire germanique, les soussignés adhèrent à la présente convention au nom de leurs souverains respectifs.

Versailles, 26 février 1871.

Signé : Comte de Bray-Steinbure,
       baron Wachter, Mittnacht,
       Jolly.

Certifié conforme à l'original.

Le Ministre des affaires étrangères,
Signé : Jules Favre.

« Entre les soussignés, munis des pleins pouvoirs de l'empire d'Allemagne et de la République française, la convention suivante a été conclue :

« Art. 1er. — Afin de faciliter la ratification des préliminaires de paix conclus aujourd'hui entre les soussignés, l'armistice stipulé par les conventions du 28 janvier et du 15 février est prolongé jusqu'au 12 mars prochain.

2

« Art. 2. — La prolongation de l'armistice ne s'appliquera pas à l'article 4 de la convention du 28 janvier, qui sera remplacé par la stipulation suivante, sur laquelle les soussignés sont tombés d'accord :

« La partie de la ville de Paris à l'intérieur de l'enceinte, comprise entre la Seine, la rue du Faubourg-Saint-Honoré et l'avenue des Ternes, sera occupée par des troupes allemandes, dont le nombre ne dépassera pas trente mille hommes. Le mode d'occupation et les dispositions pour le logement des troupes allemandes dans cette partie de la ville seront réglées par une entente entre deux officiers supérieurs des deux armées, et l'accès en sera interdit aux troupes et aux gardes nationales armées pendant la durée de l'occupation.

« Art. 3. — Les troupes allemandes s'abstiendront à l'avenir de prélever des contributions en argent dans les territoires occupés. Les contributions de cette catégorie dont le montant ne serait pas encore payé, seront annulées de plein droit ; celles qui seraient versées ultérieurement par suite d'ignorance de la présente stipulation, devront être remboursées. Par contre, les autorités allemandes continueront à prélever les impôts de l'État dans les territoires occupés.

« Art. 4. — Les deux parties contractantes conserveront le droit de dénoncer l'armistice à partir du 3 mars, selon leur convenance, et avec un délai de trois jours pour la reprise des hostilités, s'il y avait lieu. »

Fait et approuvé à Versailles, le 26 février 1871.

Signé : V. BISMARCK.

Fait et approuvé à Versailles, le 25 février 1871.

Signé : THIERS.   JULES FAVRE.

Certifié conforme à l'original :

Le Ministre des affaires étrangères,

Signé : J. FAVRE.

M. LE PRÉSIDENT. — Le Gouvernement a demandé l'urgence ; je la mets aux voix. (Bruits à gauche.)

Un membre. — Les députés de l'Est demandent la lecture des conventions territoriales. Elles sont aussi intéressantes à connaître que les conditions financières. (Approbation autour de l'orateur.)

M. BARTHÉLEMY-SAINT-HILAIRE. — J'en donne lecture :

« La ligne de démarcation commence à la frontière nord-est de Mattenon, vers le grand duché de Luxembourg, suit vers le sud les frontières occidentales des cantons de Cattenom et de Thionville, passe par le canton de Briey, en longeant les frontières occidentales des communes de Montois-la-Montagne et Roncourt, ainsi que les frontières orientales des communes de Marie-aux-Chênes, Saint-All, Habouville, atteint la frontière du canton de Gorze, qu'elle traverse le long des frontières communales de Vionville, Bouxière et Onville, suit la frontière sud-ouest respective sud de l'arrondissement de Metz, la frontière occidentale de l'arrondissement de Château-Salins jusqu'à la frontière de Pelloncourt, dont elle embrasse les frontières occidentale et méridionale pour suivre la crête des montagnes entre la Seille et le Moncel, jusqu'à la frontière de l'agrandissement de Sarrebourg au sud de Garde.

« La démarcation coïncide ensuite avec la frontière de cet arrondissement jusqu'à la commune de Tanconville, dont elle atteint la frontière au nord ; de là elle suit la crête des montagnes entre les sources de la Sarre-Blanche et la Vesouze, jusqu'à la frontière du canton de Schirmeck, longe la frontière occidentale de ce canton, embrasse les communes de Saales, Bourg-Bruche, Cotroy-la-Roche, Plaine, Ranrupt, Saulxures et Saint-Blaise-la-Roche, du canton de Saales, et coïncide avec la frontière occidentale des départements du Bas-Rhin et du Haut-Rhin jusqu'au canton de Belfort, dont elle quitte la frontière méridionale non loin de Vourvenans, pour traverser le canton Delle aux limites méridionales des communes de Bourogne et de Froidefontaine, et atteindra la frontière suisse en longeant les frontières orientales des communes de Jonchery et Delle. »

Assemblée nationale

Séance du 1er mars 1871.

. . . .
. . . .

M. LE PRÉSIDENT. — La parole est à M. le rapporteur de la commission chargée d'examiner le projet de loi relatif aux préliminaires de paix.

M. VICTOR LEFRANC. — Messieurs, la commission nommée par l'Assemblée, le 21 février dernier, avait été chargée par vous d'assister vos négociateurs, de recevoir les communications qui pourraient l'éclairer, de donner son avis et de faire ensuite son rapport à l'Assemblée.

Malgré les loyales revendications de responsabilité si nettement exprimées alors, au nom du gouvernement, par M. le ministre de l'instruction publique, notre mission n'en demeurait pas moins douloureuse et moins redoutable. Offerte, chacun de nous a fait effort pour la décliner, imposée, nul n'a pu la repousser; acceptée, nous avions tous à la remplir.

Choisi par la commission pour être son organe, je viens, non sans une profonde émotion, vous communiquer les pensées sous l'empire desquelles elle s'est trouvée unanime.

Cette unanimité même est un signe de la gravité de la situation; elle est aussi un témoignage du dévouement que cette situation inspire au patriotisme, c'est-à-dire à ce sentiment qui n'est connu tout entier que de ceux qui ont vu souffrir leur pays; car, messieurs, les douleurs de la patrie sont nôtres, bien plus que ses gloires. (Très-bien! très-bien!)

M. le président du conseil des ministres, chef du pouvoir exécutif, et M. le ministre des affaires étrangères ont, sous nos yeux, conduit les négociations. Ils ont, chaque jour, rendu compte à la commission de l'Assemblée des efforts qu'ils ont faits, des difficultés contre lesquelles ils ont eu à lutter, des résultats qu'ils ont successivement obtenus ou subis, des incidents qui ont bien des fois ravivé quelques-unes de nos espérances ou redoublé toutes nos angoisses.

Nous voudrions que l'Assemblée tout entière, le pays tout entier eussent, comme nous, entendu ces récits et recueilli ces confidences. Le pays connaîtrait mieux encore les hommes qui le servent, et l'Assemblée se raffermirait dans la confiance qu'elle leur a donnée. (Très-bien! très-bien!)

Vos négociateurs ont successivement appelé nos préoccupations sur les deux questions capitales, c'est-à-dire sur les questions de territoires et sur les questions d'indemnité de guerre.

Nous ne devons pas vous communiquer, à cette tribune, tous les détails que nous avons ainsi recueillis, heure par heure, de la bouche de vos négociateurs; cette discrétion, commandée par les plus graves motifs, comprise à la plus simple réflexion, n'est pas le côté le moins pénible de notre mission : chaque conscience a son secret, et, quelque unanime qu'ait été notre détermination, il y aurait adoucissement pour chacun de nous à dire à ceux qui pensent d'ordinaire comme lui, ce qu'il a cherché, ce qu'il a sacrifié, et les impulsions auxquelles il a cédé. Messieurs, l'Assemblée fera comme nous; et la

France qui vous a donné sa confiance, le monde qui est attentif à nos malheurs, comprendront et approuveront notre réserve et la vôtre, après le dénoûment de cette lutte dont toutes les amertumes auront été pour nous, mais dont les plus pures gloires ne seront pas pour le vainqueur. (Nouvelle approbation.)

Vous avez entendu hier la lecture des préliminaires de paix, signés par vos négociateurs, après avoir recueilli et obtenu l'avis unanime de votre commission, et de la convention spéciale qui prolonge l'armistice pour permettre la ratification du traité par cette Assemblée.

Le gouvernement vous a soumis en même temps un projet de loi portant ratification des préliminaires. L'Assemblée a renvoyé d'urgence, pour les graves motifs que vous connaissez, le projet de loi dans ses bureaux, qui, après de longues et vives discussions, ont nommé les mêmes commissaires, ajoutant ainsi, à l'épreuve de confiance qu'ils leur avaient donnée, la manifestation de leur assentiment.

Le rapporteur de la première commission s'est vu imposer encore ce nouveau fardeau. Il demande à l'Assemblée de le soutenir dans l'accomplissement d'une tâche évidemment au-dessus de ses forces et où il ne peut mettre que ce courage dû par les plus humbles aux intérêts de leur pays, à ces moments où les devoirs ne se comptent que par les sacrifices. (Très-bien! très-bien!)

Vous ne me demanderez pas de relire ici les clauses du traité et de l'armistice, ni le texte du projet de loi portant ratification. Vous les avez eus sous les yeux. Il suffira de les considérer dans leur ensemble.

Il n'en est pas en effet d'un traité comme d'une loi, surtout quand il est signé dans les circonstances où nous sommes. L'armistice est prolongé jusqu'au 12 mars, mais il peut être dénoncé le 3, et les hostilités, en ce cas, reprendraient le 6, en attendant la ratification, si elle n'était pas intervenue avant cette date. Il faut donc ne pas perdre un instant. De là l'urgence, commandée plus encore par la situation de Paris et par le souvenir de nos prisonniers ; de là l'impossibilité d'attendre les rapports et les débats sur les travaux de vos commissions sur l'état de la France. De là la nécessité de vous en remettre comme toujours à l'étude de vos commissions et aux résultats que vous connaissez bien, de travaux qui ne peuvent entrer dans le débat actuel que comme documents à consulter, et non comme éléments du débat lui-même.

D'un autre côté, la nature même de ces études n'en permet ni la publication, ni l'analyse. Enfin, les préliminaires d'un traité de paix, laborieusement et courageusement débattus par les négociateurs, sont acceptés ou rejetés par le souverain : ils ne sont pas amendés. Ils le seront dans le traité définitif, non-seulement dans le tracé des lignes territoriales, mais aussi dans les procédés de payement, dans les clauses relatives aux individus, aux propriétés ; et surtout dans la marche de l'évacuation, qui ne laissera ni durer ni s'étendre cet éparpillement des forces ennemies dans les pays occupés, qui peut être un des calculs de l'occupation hostile, qui serait la violation de l'esprit dans lequel doit se maintenir l'occupation après la paix.

Nous ne vous proposons non plus aucun changement au texte ou au préambule succinct du projet de loi. Nous conjurons l'Assemblée de le voter tel qu'il est. Le patriotisme l'exige. Et la commission s'expliquerait peu votre confiance, si elle n'allait pas jusqu'à comprendre et accepter ce conseil.

Messieurs, il faut regarder ce qui est soumis à votre conscience en face, du haut et du fond de votre cœur. On souffrira, mais on verra la vérité, et on ira à elle, (Très-bien ! très-bien !)

Je m'occupe d'abord des préliminaires de l'armistice, et je les examine à la fois au double point de vue des négociations dont nous vous devons compte, et du projet de loi sur lequel nous vous devons notre avis.

En portant votre attention sur les clauses relatives au territoire, la douleur que vous partagerez avec nous ne vous rendra pas injustes envers les efforts accomplis et les dangers conjurés; ce serait là une faiblesse et une méconnaissance absolue de la réalité des choses.

Sans doute, nos frontières atteintes, notre Alsace, une partie de notre Lorraine, notre Metz arrachés à la vieille patrie, et surtout cet oubli du droit des populations, dont nous ne sommes pas responsables, ce sont là des sacrifices qui brisent le cœur de tout Français, et dont nous avons les premiers senti le poids et tous les déchirements.

Mais nous n'avons pu oublier, et vous n'oublierez pas les sinistres prévisions répandues dans le monde entier, les menaces formulées par l'ennemi, les craintes révélées par le cri de douleur de M. Keller : l'Alsace, la Lorraine entière; Metz, Belfort, tout était menacé; vous avez, avec un intelligent patriotisme, refusé de sanctionner, pour ainsi dire, ces craintes dans toute leur étendue, en paraissant les partager; mais, aujourd'hui, vous vous les rappellerez pour reconnaître que, si elles se sont réalisées dans une trop large mesure, celles qui ont été conjurées ne sont pas une médiocre consolation.

Le danger tout entier était réel, imminent; la trace visible en est restée sur la carte annexée au traité, où le tracé définitif vous montre que, grâce à d'énergiques efforts, les quatre cinquièmes de la Lorraine environ nous restent avec sa capitale, et si Metz nous est ravi, Belfort nous est rendu : c'est un point capital pour notre frontière de l'Est.

Messieurs, à côté de cette limite imposée à nos pertes territoriales, placez par la pensée le retour de nos armées prisonnières, dans le pays à qui seront rendus tant de cœurs et de bras pour le travail, pour l'ordre et pour la défense de la patrie, et vous vous souviendrez avec moins de tristesse qu'une nation qui s'est honorée en se défendant, s'honore encore en reconnaissant qu'elle a été vaincue (non! non! à gauche), et en ne reculant pas devant les nécessités qu'impose la défaite.

Sans doute encore, Paris, pénétré par l'armée ennemie dans une partie de son enceinte qui n'avait pas été conquise, c'est là une de ces douleurs qu'il est difficile de supporter, et qu'il est à peine prudent d'imposer; sans doute, cette France, plus lentement évacuée qu'elle n'a été envahie, et par les mêmes chemins qui verront deux fois cette tristesse, tout cela vous désole et nous a désolés : mais cette occupation est restreinte et momentanée; cette évacuation est largement échelonnée : elle le sera mieux encore par le traité définitif, et d'ailleurs, ces calamités et ces résignations, outre qu'elles étaient inévitables, ne doivent nous apparaître qu'à travers le souvenir des causes qui nous les ont infligées. Ces causes, nous ne les redirons pas; nous aimons mieux relever et garder les consolations que nous ont laissé nos derniers efforts. Il suffira de savoir et d'affirmer virilement que l'honneur de la France est sauf. Dans ce cruel traité comme dans la lutte terrible à laquelle il met fin, le vainqueur, messieurs, n'a jamais manqué l'occasion de rendre cet hommage à la France, et la France doit savoir se le rendre à elle-même. (Applaudissements.)

Si maintenant vous examinez les clauses relatives à l'indemnité de guerre, vous reconnaîtrez avec nous que les menaces et les calculs dont on les entourait, allaient bien plus loin que celles qui se sont réalisées. Nous n'essayerons pas de contester, d'atténuer l'énormité de la somme exigée, l'Europe s'en étonne et s'en émeut déjà, mais nous voulons vous dire qu'on n'atteindra pas le but qui l'a inspirée. On a voulu s'enrichir de nos dépouilles; on a cru surtout nous désarmer indirectement en nous vouant à l'impuissance. L'histoire donne quelque prix à l'abstention de toute tentative directe de ce genre sur la liberté gardée par notre pays dans le gouvernement de ses forces et de ses ressources.

Mais il ne fallait pas non plus oublier qu'il serait plus indigne encore que téméraire d'accepter le fardeau et l'engagement qui nous sont imposés par cette stipulation immodérée, si nous nous savions impuissants à les supporter.

Mais, messieurs, nous pouvons espérer et promettre. Car, pour le présent, nous arrêtons ces ravages et nous commençons cette liquidation; et, pour l'avenir, la France a des ressources à la hauteur de ses épreuves, si elle sait joindre, à la sagesse de son administration, à l'abnégation de son patriotisme, ces deux grands secrets de l'avenir qui ne sont que les deux grandes leçons du passé : ne plus se jeter dans les révolutions, ne plus se réfugier dans le césarisme..... (Applaudissements prolongés.) et assurer ainsi le travail, l'ordre et la liberté.

Le gouvernement de la République française, en signant cette paix, aura le droit de s'honorer de tout ce que de pareilles résolutions loyalement et fermement pratiquées peuvent créer de stabilité.

Cette signature est douloureuse, messieurs; l'âme se révolte avant de vous conseiller d'y souscrire, et ce n'est pas trop de toutes les forces de la conscience pour examiner librement s'il est possible de l'éloigner de vous. Cela n'étais permis, messieurs, qu'à la condition de vous engager à recommencer la lutte, ou à livrer la France entière à l'occupation indéfinie et illimitée du vainqueur, sans autre consolation que de n'avoir pas donné notre consentement à un sacrifice cruel, mais que ce consentement même peut du moins limiter dans son étendue et dans sa durée.

Faut-il recommencer la lutte, après les désastres de nos armées, après les insuffisances de la levée en masse après l'appel des forces à peine organisées du pays? Ne serait-ce pas hasarder les dernières énergies de la France sans espoir de les voir triompher! Ne serait-ce pas couvrir contre les conséquences fatales de leurs fautes l'honneur de ceux qui nous ont perdus, ou même sauver le faux honneur de ceux qui reculent devant les responsabilités? (Applaudissements.) Ne serait-ce pas jouer l'honneur même de la France, compromis dans le trouble possible de ces suprêmes convulsions du désespoir? (Très-bien! très-bien!)

Pendant les négociations, messieurs, votre commission, après de cruelles angoisses, en face d'interrogations douloureuses, a deviné, chez vos négociateurs, la résignation patriotique, qu'elle a cru devoir imiter, et qu'elle était résolue à conseiller à l'Assemblée.

Un mot suffisait pour cela; nous n'avions qu'à refuser de signer les préliminaires de paix et à laisser à l'ennemi le fardeau des ruines de la France, assez lourd peut-être pour l'écraser lui-même. (Très-bien! très-bien à gauche!) En nous dégageant ainsi, nous vous laissions le droit de démentir ou d'accepter cet acte de désespoir. Nous ne nierons pas que dans certains moments de découragement cette tentation ne soit entrée dans nos âmes.

Elle n'a pas été dissimulée à ceux qu'elle devait menacer autant que nous-mêmes. Mais, messieurs, l'armistice expirait, toute prolongation était péremptoirement refusée, les forts de Paris étaient occupés, l'enceinte désarmée; au loin, les armées ennemies étaient massées aux lignes extrêmes de l'armistice, en face de nos armées désorganisées, de nos populations tournées vers l'espoir de la paix.

Le bruit d'une agression nouvelle et générale serait arrivé à cette Assemblée avant l'avis de la rupture des négociations. Et votre commission, avec le pouvoir exécutif, serait venu vous soumettre un avis dont les conséquences auraient été déjà réalisées, un acte de désespoir devenu irréparable, et cela sans votre aveu, sans votre examen, et sans retour possible de votre part : Paris et la France auraient été immolés avant d'être consultés. (C'est vrai ! très-bien !)

Après la signature, messieurs, vous pouvez encore ne pas ratifier le traité de votre gouvernement, l'avis de votre commission, et les choses sont entières, car la France, au delà de la ligne de l'armistice, n'a pas changé de situation, et, quant à Paris, les préliminaires signés et l'armistice prorogé, l'occupation est restreinte dans son étendue, et n'aura d'autre durée que celle que vous donnerez vous-mêmes à votre délibération.

Après le refus de la signature, au contraire, vous n'auriez pu en reprendre les compensations, car, en laissant expirer l'armistice sans signer la paix, on exposait Paris à être occupé tout entier, Dieu sait avec quels désastres, et la France entière aurait été envahie, Dieu sait avec quelles ruines. Les embarras de l'ennemi auraient été une consolation bien insuffisante à tant de sacrifices.

Nous n'aurions pu les vouloir, nous n'avons pas dû les conseiller aux négociateurs ; nous persistons à vous conjurer de les écarter de la France.

Ne désirons qu'une chose pour l'affermissement et l'apaisement de nos consciences, messieurs : c'est que cette paix ne soit désapprouvée que par ceux qui auraient osé décider la prolongation de la guerre. (Très-bien ! très-bien !)

Délibérez donc, messieurs, et quel que soit le résultat de vos méditations, il sera digne de vous et de la France.

Le courage n'est pas toujours dans l'obstination et le désespoir. Les nations et les assemblées ont, plus que les individus, le droit de se consoler avec leur passé et avec leur conscience ; et la France, autant que toute autre nation, a pour devoir de réserver son avenir et sa mission dans le monde. (Nouvelle approbation.)

Telles ont été les pensées qui ont soutenu vos négociateurs et votre commission dans la tâche douloureuse que votre confiance leur a imposée, et qui les soutiendront dans les amertumes qu'attire souvent l'accomplissement d'un devoir. Ces pensées soutiendront aussi les membres de cette Assemblée dans les résolutions qu'ils auront à sanctionner par leur vote. Nul ne songera à s'abriter derrière une abstention, ce qui n'est que la désertion du devoir et la peur de la responsabilité. (Vifs applaudissements. — Mouvement prolongé.)

. . . .

(La discussion est ouverte. Plusieurs discours sont prononcés. Les plus applaudis sont ceux de MM. Victor Hugo et Louis Blanc.)

. . . .

M. GROSJEAN. Je suis chargé par mes collègues de la Moselle, du Bas-Rhin et du Haut-Rhin, de déposer la déclaration suivante :

« Les représentants de l'Alsace et de la Lorraine ont déposé, avant toute négociation de paix, sur le bureau de l'Assemblée nationale, une déclaration affirmant de la manière la plus formelle, au nom de ces provinces, leur volonté et leur droit de rester français.

« Livrés au mépris de toute justice et par un odieux abus de la force, à la domination de l'étranger, nous avons un dernier devoir à remplir.

« Nous déclarons encore une fois nul et non avenu un pacte qui dispose de nous sans notre consentement. (Très-bien ! très-bien ! à gauche.)

« La revendication de nos droits reste à jamais ouverte à tous et à chacun, dans la forme et dans la mesure que notre conscience nous dictera.

« Au moment de quitter cette enceinte où notre dignité ne nous permet plus de siéger, et malgré l'amertume de notre douleur, la pensée suprême que nous trouvons au fond de nos cœurs est une pensée de reconnaissance pour ceux qui, pendant six mois, n'ont pas cessé de nous défendre, et d'inaltérable attachement à la patrie dont nous sommes violemment arrachés. (Applaudissements.)

« Nous vous suivrons de nos vœux et nous attendrons, avec une confiance entière dans l'avenir, que la France régénérée reprenne le cours de sa grande destinée. Vos frères d'Alsace et de Lorraine, séparées en ce moment de la famille commune, conserveront à la France absente de leurs foyers une affection filiale, jusqu'au jour où elle viendra y reprendre sa place. (Nouveaux applaudissements.)

« Bordeaux, le 1ᵉʳ mars 1871. »

Un membre. Pourquoi les représentants de l'Alsace et de la Lorraine ne resteraient-ils pas parmi nous? Ils sont députés de la France.

M. Rochefort. Il fallait garder l'Alsace et la Lorraine pour garder leurs représentants. . . . .

. . . .

M. LE PRÉSIDENT. Je vais consulter l'Assemblée sur le projet de loi proposé par le gouvernement et portant ratification des préliminaires de paix. Aux termes de l'article 72 *bis* du règlement, l'Assemblée ne peut voter en particulier sur chaque article d'un projet de traité, et il ne peut être présenté d'amendement au texte. Le vote que l'Assemblée va être appelée à émettre portera donc sur l'ensemble. Le scrutin a été demandé. Il va y être procédé.

Le scrutin est ouvert à la tribune.

Le dépouillement donne le résultat suivant : Votants, 653. — Pour l'adoption du projet de loi, 546 ; — contre, 107.

L'Assemblée a adopté.

***

Le vote

Scrutin sur le projet de loi relatif aux préliminaires de paix signés à Versailles le 26 février 1871.

ONT VOTÉ POUR :

MM.

Comte d'Abbadie de Bareau, Séverin Abattucci, d'Abovile, Aclocque, Adam, Adnet, comte de l'Aigle, Allenou, Alexandre, Amy, Ancel, Andelarre, Anisson-Duperron, Arbel de Flassieu, Arfouillères, d'Auberjon, duc d'Audiffret-Pasquier, Andrieu de Kerdrel, général d'Aurelles de Paladines, d'Auxais, Aymé de la Chevrillières.

Babin Chevaye, comte de Bagneux, de Balleroy, Balsan, Baragnon, baron de Barante, Barascud, Bardoux, Barthe, Barthélemy-Saint-Hilaire, de Bastard, Bastid, Batbie, Baucarne-Leroux, Baze, Beau, de Belcastel, comte Benoist-d'Azy, baron de Benoist, Benoist du Buis, Bérenger, Bergondy, de Bermond, Charles Bernard, Bernard-Dutreuil, Berlauld, Besnard de Guitry, Besson (Jura), Bethmont, comte de Béthune, Bidard, Bienvenu, Bigot, duc de Bisaccia, Blavoyer, Blin de Bourdon, Bocher, Boduin, comte Bois-Boissel, Boisse, Bompard, vicomte de Bonald, comte de Bondy, Bonnet, de la Borderie, Boreau-Lajadie, Bottard, Bottreau, Boucher, comte de Bouillé, Bouisson, Boullier, de Branche, Bourgeois, Bozérian, Boyer, Brabant, Jules Brame, Breton, comte de

Brettes-Thurin, du Breuil de Saint-Germain, Brinçon, marquis de Bridieu, de Brigode, Broët, Lucien Brun, comte de Bryas, Buée, Jules Buisson, Buisson (Seine-Inférieure), Busson-Duviviers.

Caillaud, Calemard de Lafayette, Carlet, de Carrayon-Latour, Carbonnier de Marzac, Carnot père, Carré-Kérisouët, Carron, Carquet, Casimir-Périer, marquis de Castellane, Cauvelle de Beauvillé, de Cazenove de Pradine, général baron de Chabaud-Latour, de Chabrol, général Chabron, colonel de Chadois, du Chaffault, de Chamaillard, comte de Chambrund, vicomte Henri de Champagny, de Champvailler, général Changarnier, Chaper, Chardon, colonel Chareton, Charreyron, Charton, marquis de Chasseloup-Laubat, Chatelin, baron Chaurand, Cheguillaume, Chevandier, Horace de Choiseul, comte de Cintré, Léon Clément, de Clerq, Cochery, de Colombet, de Combarieu, Combier, Conti, de Corcelle, Cordier, Corne, comte de Cornulier-Lucinière, marquis de Coste de Beauregard, Paul Cottin, Courbet-Poulard, Courcel, Crespin, duc de Crussol, de Cumont, Cunit.

Daguenet, Daguillon-Laselxe, Dahirel, de Dampierre, Daron, comte Daru. Dauphinot, Daussel, baron Decazes, duc Decazes, Delacour, Delacroix, H. Delavau, Delille, Taxile-Delord, Delorme, Martial Delpit, Delsol, Depasse, Desainthorrent, Desbons, Descat, Descilligny, Desjaidins, Destremx, Dozanneau, comte de Diesbach, amiral de Dompierre d'Hornoy, Doré-Graslin, Douai, comte de Douhet, Ducre, comte Duchatel, général Ducrot, Ducuing, Xavier Dufaure, Jules Dufaure, Dufour, Dufournel, abbé du Marhalla, Dumon, Dupanloup (évêque d'Orléans), Duparc, Félix Dupin, Dupont (de l'Eure), Duportail, Duréault, comte de Durfort de Civrac, Dussaussoy.

Ernoul, baron d'Eschassériaux, Eymard-Duvernay.

Féligonde (de), Feray, Flaghac (baron de), Glaud, Fleuriot (de), Flotard, Flye-de-Sainte Marie, Fontaine (de), Forsanz (de), Foubert, Foucaud (de), Fouler de Relingue (comte), Fouquet, Fourichon (amiral), Dordogne, Fournier (Henri), Fourton (de) Franclieu (marquis de), Frébault (général), Fresneau (Morbihan).

Gailly, Gallicher, Galloni d'Istria, Gannivet, Gasloude, Gasselin de Fresnay, Gatien-Arnoult, Gauthier de Rumilly, Gaultier de Vaucenay, Gavardie (de), Gavini (Corse), Gayot (Amédée), Germain, Germonière, Gévelot, Gillon (Paulin), Ginoux de Fermon, Giraud (Vendée), Glas (Rhône), Godet de la Ribouillerie, Godin, Gontaut-Biron (vicomte de), Gonin, Goulard (de), Gouvion Saint-Cyr (marquis de), Grammont (marquis de), Grasset (de), Grévy, Grivart, Grollier, Gueidan, Guibal, Guichard, Guiche (marquis de la), Guinard (Savoie), Guiraud (Léonce de).

Haentjens, Hamille (Victor), Harcourt (duc d'), Hausseville (vicomte Othenin d'), Hespel (comte d'), Houssard, Hulin, Huon de Pennanster.

Jaffré (abbé), Jamme, Jauré-Guibéry (amiral), Javal, Jocteur-Montrosier, Johnston, Joubert (Ambroise), Jourdan, Journault, Journu, Jeson de la Perse, Juigné (comte de), Joigné (marquis de), Julien.

Kergariou (comte de), Kergorlay (de), Kéridec (de), Kermenguy (de), Kersauson de Pennendreff (vicomte de), Kolb-Bernard.

De Labastière, Labitte, de la Bouillerie, Lacave-Laplagne, La Caze, Lacombe, Oscar de Lafayette, de Lagrange, Lallié, Lambert de Sainte-Croix, de Lamberterie, Lambrecht, Lamorte, Lanel, Lanfray, colonel de la Pervanchère, de Laprade, baron de Larcy, de Largentaye, La Roche-Thulon, de La Rochette, La Roncière le Noury, de la Sicotière, marquis de La Roche-Aymon, marquis de la Rochejacquelain, de Lassus, de Lasteyrie, baron Laurenceau, Lebas, Leblond, L'Ébraly, Lebrun (Simon), Le Camus, Lechatelain, Amédée Lefèvre-

Pontalis, Antonin Lefèvre-Pontalis, général Le Flô, Victor Lefranc, comte de Legge, Legrand, Lelasseux, Émile Lenoëcl, Adrien Léon, Aimé, Reroux, Le Royer, baron de Lespérut, Lespinasse, de Lestapis, Lestourgie, Laurent, Léopold de Limayrac, Limpéraní, Littré, Lorgeril, Lortal, Luro, marquis de Lur-Saluces.

Magniez d'Ytres, Magnin, de Maillé, Malartre, marquis de Maleville, Léon de Maleville, Malézieux, Malicorne, Mallevergne, Mangini, de Marce, Marchand, Margaine, duc de Marmier, Martel, Martell, Martenot, Charles Martin, Henri Martin, général Martin des Pallières, Robert de Massy, Ferdinand Mathieu, Mathieu Bodet, comte Mathieu de la Reborte, Maurice, Paul Mayaud. Mazerat, vicomte de Meaux, comte de Melun, Méplain, de Mérode, Merveilleux-Duvigneau, Mastreau, Mettétal, Michel-Ladichère, Michel, Monjaret de Kerjégu, comte de la Monneray, Monnet, Monnet-Arbilleur, amiral de Montaignac, Montgolfier, marquis de Montlaur, Montrieux, Jules Morel, marquis de Mornay, marquis de Mortemart, Moulin, comte Joachim Murat, Murat-Sistrière.

Comte de Noailhan, Noël Parfait.

D'Osmoy.

Pagès-Duport, Pajot, Jacques Palotte, Parent, Parigot, Paris, marquis de Partz, Louis Passy, Sosthène Patissier, Paultre, Péconnet, général Pélissier, Pelletan, Peltereau-Villeneuve, Perret, Eugène Perrier, Ulric Perrot, Loiret Peteau, Peulvé, de Peyramont, de Peyre, Philipp, Philippoteaux, Piccon, Pin, de Ploger, Piou, Plichon, de Pontoi-Pontcarré, amiral Pothuau, Poujade, Pouyer-Quertier, Pradie, Prax-Paris, Prétavoine, Princeteau.

Marquis de Quinsonas.

De Rainneville, de Rambures, Rameau, comte de Rampont, Raudot, Paul de Rémusat, Félix Renaud, Michel Renaud, de Rencquesent, comte de Rességuier, Ferdi-

nand Reymond, Reverchon, Léon Riant, Ricard, Max
Richard, Richier, Ricot, Riondel, Arthur Rivaille, Fran-
cisque Rive, Rivet, vicomte de Rodez-Bonavent, comte
Roger du Nord, Rolland, Charles Rolland, de Roque-
maurel, des Rotours, Roussel, Rouveure, Honoré Roux,
Roy de Loulay, des Roys.

De Saint-Germain, de Saint-Malo, Saint-Marc-Girar-
din, de Saint-Pierre, Louis de Saint-Pierre, de Saint-
Victor, vicomte de Saintenac, vice-amiral Saisset, de
Salvandy, Salvy, Sarrette, Savary, Savoye, Léon Say,
de Ségur, Seignobes, Gusman Serph, marquis de Sers,
Clément Stiva, Fidèle Simon, Jules Simon, Soury-La-
vergne, Soye, de Staplande, de Sugny.

Tailhand, Taillefert, marquis de Talhouët, Tallon,
Tamisier, Target, de Tarteron, Tassin, Teisserenc de
Bort, général du Temple, Tendret, Mortimer Ternaux,
Théry, Thiers, docteur Thomas, Thurel, de Tillancourt,
Toupet des Vignes, vicomte de Tréveneuc, comte de
Tréville, Tribert, général Trochu, Turquet.

Vacherot, de Valady, marquis de Valfons, Vandier,
baron Vast-Vimeux, de Vauguyon, de Vaulchier, Venta-
von, Vente, Vétillard, Viallet, Saturnin Vidal, Viennet,
Vilfeu, Vimal-Dessaignes, Henry Vinay, Léon Vingtain,
de Vinols, Vitails, Vitet, marquis de Vogué, Voisin.

Waddington, Wallon, Warnier, Wartelle de Retz,
Wilson, de Cornélis Witt.

ONT VOTÉ CONTRE :

Adam (Edmond), Albrecht, Amat, Ancelon, André
(docteur), Andrieu, Arago (Emmanuel), Arnaud (de
l'Ariége), Bamberger, Barbaroux (docteur), Bardon,
Berlet (Meurthe), Bernard (Martin), Billot (général),
Billy. Blanc (Louis), Bœll, Bœrsch, Brice, Brisson, Brun
(Charles). Brunet, Carion, Carnot fils, Chaix, Chanzy
(général), Chauffour, Claude (Meurthe), Claude (Vosges),

Clémenceau, Colas, Cournet (Seine), Delescluze, Deschange, Dorian, Dornès (Léon), Dubois, Duclerc, Ducoux, Durieu, Esquiros, Facy (lieutenant de vaisseau), Floquet (Charles), Gambetta, Gambon, Gent, George, Girerd (Cyprien), Grandpierre, Greppo, Grosjean, Guiter, Hartmann, Humbert (Haute-Garonne, Humbert (Louis-Amédée), Jaubert (comte), Joigneaux, Jouvenel (baron de), Kablé, Ke'ler, Kœchlin, Laflize, Lamy, Langlois, Laserve, Laurier (Clément), Lefranc (Pierre), Lepère, Lockroy, Loysel (général), Lucet, Mahy (de), Malens, Malon, Marc-Dufraisse, Mazure (général), Malsheim, Millière, Monteil, Moreau, Noblot, Ostermann, Peyrat, Pyat (Félix), Quinet (Edgard), Ranc, Rathier, Razoua, Rhem, Reneker, Rochefort, Saglio, Saisi (Hervé de), Scherer-Kestner, Schnécgans (de), Schœlcher, Taberlet, Tachard, Teutsch, Tirard, Titot, Tolain, Tridon, Varroy, Victor Hugo, Villain, Viox.

Assemblée nationale

Séance du 3 mars 1871

. . . .
. . , ...

M. LE PRÉSIDENT. Je donne lecture de la lettre suivante qui m'a été remise :

« Citoyen président,

« Nos électeurs nous ont donné mandat de représen-
« ter la France républicaine, une et indivisible.
« Par son vote du 1er mars, l'Assemblée a livré deux
« provinces, démembré la France, ruiné la patrie. Elle
« n'est donc plus l'expression du pays, et leurs délibé-

« rations sont désormais frappées de nullité. (Exclama-
« tions.)

« D'ailleurs, le vote de quatre généraux commandant
« nos armées et l'abstention significative de trois autres,
« donnent un démenti formel aux assertions de M. Thiers
« sur notre impuissance à continuer la guerre.

« En conséquence, notre conscience nous défend de
« siéger un jour de plus dans une assemblée dont nous
« ne pouvons reconnaître les actes comme valables.

« Nous nous retirons donc, comme nos frères d'Alsace
« et de Lorraine, et nous vous adressons, citoyen prési-
« dent, notre démission de représentants du peuple.

« Recevez, etc.

> « Signé : H. ROCHEFORT, A. RANC, B. MALON,
> « G. TRIDON. »

A la guerre contre l'étranger a succédé la guerre civile. Nous n'avons pas à chercher les causes qui l'ont fait éclater ; nous nous contenterons, comme nous l'avons fait précédemment, de mettre sous les yeux des lecteurs les dépêches officielles de Versailles, qui relatent journellement tout ce qui s'est passé dans Paris depuis le 18 mars 1871. Ces documents, croyons-nous, ne seront pas moins précieux à consulter que ceux que nous avons déjà recueillis.

DÉPÊCHES TÉLÉGRAPHIQUES

Circulaire

Président du conseil du Gouvernement, Chef du pouvoir exécutif, aux Préfets, Sous-Préfets, Généraux Commandants divisions militaires, Préfets maritimes, premiers Présidents des Cours d'appel, Procureurs généraux, Receveurs généraux, Archevêques et Évêques.

Versailles, le 19 mars 1871, 8 h. 15.

Le gouvernement entier est réuni à Versailles, l'Assemblée s'y réunit également.

L'armée, au nombre de 40,000 hommes, s'y est concentrée en bon ordre sous le commandement du général Vinoy. Toutes les autorités, tous les chefs de l'armée y sont arrivés. Les autorités civiles et militaires des départements n'exécuteront d'autres ordres que ceux du gouvernement légal résidant à Versailles, sous peine d'être considérées comme en état de forfaiture.

Les membres de l'Assemblée nationale sont invités à

accélérer leur retour pour être tous présents à la séance du 20 mars.

La présente dépêche sera immédiatement livrée à la connaissance du public.

THIERS.

Circulaire

Le Chef du pouvoir exécutif à tous les Généraux commandant divisions et subdivisions militaires, les Préfets et Sous-Préfets, ainsi qu'aux Commissaires de surveillance et Chefs de gares.

Versailles, le 20 mars 1871, 12 h. 55.

Donnez l'ordre à tous les militaires, soldats ou sous-officiers, venant isolément ou en troupes, de s'arrêter aux stations : Versailles, Étampes, Corbeil, Melun, Nogent-sur-Seine, Meaux, Soissons, Pontoise, Chantilly et Poissy, donner le même ordre aux marins et fonctionnaires publics.

THIERS.

Le Président du Conseil, Chef du Pouvoir exécutif de la République française, aux Préfets et Sous-Préfets.

Versailles, le 21 mars 1871, 2 h. 30 soir.

L'Assemblée nationale vient d'adopter unanimement la proclamation suivante, qui sera affichée dans toutes les communes de France.

L'Assemblée nationale au peuple et à l'armée.

Citoyens et Soldats,

Le plus grand attentat qui se puisse commettre chez un peuple qui veut être libre, une révolte ouverte contre la souveraineté nationale, ajoute en ce moment comme un nouveau désastre à tous les maux de la patrie.

Des criminels, des insensés, au lendemain de nos revers, quand l'étranger s'éloignait de nos champs ravagés, n'ont pas craint de porter dans ce Paris qu'ils prétendent honorer et défendre, plus que le désordre et la ruine, le déshonneur; ils l'ont taché d'un sang qui soulève contre eux la conscience humaine, en même temps qu'il leur interdit de prononcer ce noble mot de *République*, qui n'a de sens qu'avec l'inviolable respect du droit et de la liberté.

Déjà nous le savons, la France entière repousse avec indignation cette entreprise odieuse. Ne craignez pas de nous ces faiblesses morales, qui aggrave le mal en pactisant avec les coupables. Nous vous conservons intact le dépôt que vous nous avez commis pour sauver, organiser et constituer le pays.

Ce grand et tutélaire principe de la souveraineté nationale nous le tenons de vos libres suffrages, les plus dignes qui furent jamais.

Nous sommes vos représentants et vos seuls mandataires, c'est par nous, c'est en notre nom que la moindre parcelle de notre sol doit être gouvernée, à plus forte raison cette cité héroïque, le cœur de notre France, qui n'est pas faite pour se laisser longtemps surprendre par une minorité factieuse.

Citoyens et soldats, il s'agit du premier de vos droits, c'est à vous de le maintenir et de faire appel à vos courages; réclamer de vous une énergique assistance. Vos représentants sont unanimes, tous à l'envi, sans dissidence, nous vous adjurons de vous serrer étroitement autour de cette Assemblée, votre œuvre, votre image, votre espoir, votre unique salut.

Pour copie :

Le Président du Conseil, chef du Pouvoir exécutif de la République française,

A. THIERS.

Gouvernement à Préfets et Sous-Préfets.

Le 21 mars 1871, 5 h. 32 soir.

Les nouvelles de toute la France sont parfaitement rassurantes; les hommes de désordre ne triomphent nulle part, et à Paris même, les bons citoyens se rallient et s'organisent pour comprimer la sédition.

A Versailles, l'Assemblée, le Gouvernement, ralliés, entourés, armés de 45,000 hommes, nullement ébranlés, sont en mesure de dominer les événements et les dominent dès aujourd'hui.

Hier, l'Assemblée a tenu sa première séance et s'est montrée calme, unie et résolue.

Elle a formé une Commission, qui s'est entendue avec le chef du Pouvoir exécutif, et qui est convenue avec lui de toutes les mesures à prendre dans les circonstances actuelles, elle va publier une proclamation.

Lille, Lyon, Marseille, Bordeaux sont tranquilles, vous pouvez donner aux populations ces nouvelles, qui sont rigoureusement exactes, car le gouvernement qui vous les adresse est un gouvernement de vérité.

Qu'il reste, bien entendu, que tout agent de l'autorité

qui pactiserait avec le désordre sera poursuivi selon les lois, comme coupables de désordre.

THIERS.

Circulaire

Président du Conseil, Chef du Pouvoir exécutif, aux Préfets, Sous-Préfets, Procureurs généraux, Généraux de divisions.

Versailles, le 22 mars 1871, 7 h. 40.

L'ordre se maintient partout et tend même à se rétablir à Paris, où les honnêtes gens ont fait hier une manifestation des plus significatives.

A Versailles la tranquillité est complète.

L'Assemblée, dans la séance d'hier, a voté à l'unanimité une proclamation digne et ferme, et s'est associée au gouvernement dans l'attitude prise à l'égard de la ville de Paris.

Une discussion forte et animée a contribué à resserrer l'union entre l'Assemblée et le pouvoir exécutif; l'armée réorganisée, campée autour de Versailles, montre les plus fermes dispositions, et de toutes parts on offre au gouvernement de la République des bataillons de mobiles pour la soutenir contre l'anarchie, si elle pouvait en avoir besoin. Les bons citoyens peuvent donc se rassurer et prendre confiance.

A Boulogne, M. Rouher, découvert avec une caisse de papiers scellée, a couru les plus grands dangers et aurait été en péril, sans l'énergie du sous-préfet de Boulogne et du préfet d'Arras; il est provisoirement détenu à Arras, au grand regret du gouvernement, qui ne songe pas le moins du monde à se livrer à aucun acte de rigueur.

Les frères Chevreau et M. Boitelle qui l'accompagnaient sont retournés en Angleterre.

Tous les chefs de l'armée qui rentrent viennent offrir leur épée au gouvernement. Le maréchal Canrobert, se joignant à tous les autres, a fait auprès du président du Conseil une démarche des plus dignes, et qui a reçue l'accueil qu'elle méritait. L'adhésion est donc unanime, et tous les bons citoyens se réunissent pour sauver le pays, qu'ils réussiront certainement à sauver.

A. THIERS.

Ministre de l'intérieur à préfets des départements de l'Ouest, du Nord et du Centre

Versailles, 23 mars 1871.

Une fraction considérable de la population et de la garde nationale de Paris, sollicite le concours des départements pour le rétablissement de l'ordre.

Formez et organisez des bataillons de volontaires pour répondre à cet appel et à celui de l'Assemblée nationale.

E. PICARD.

Circulaire

Président du Conseil à préfets et sous-préfets

Versailles, le 23 mars 1871, 12 h. 45.

La situation se maintient telle que nous l'avons décrite les jours précédents, toutes les parties de la France sont unies et ralliées autour de l'Assemblée nationale et du gouvernement.

Hier, l'assemblée a tenu un comité secret, qui a duré une partie de la nuit et pendant lequel on a discuté le projet d'un envoi de gardes nationaux, chargés de concourir à la défense de la représentation nationale.

Le principe de cet envoi a été posé.

Les départements doivent s'y préparer. A Paris, le parti de l'ordre a été en collision avec les insurgés. Il faisait une manifestation sans armes dans le sens de l'ordre. Un feu ouvert sur cette foule désarmée a fait de trop nombreuses victimes et soulevé une indignation générale. Le parti de l'ordre a couru aux armes et occupé les principaux quartiers de la ville.

Les insurgés sont contenus.

A Lyon, les anarchistes ont proclamé la Commune et fait des manifestations demeurées sans réponse dans le reste de la France.

L'armée se renforce à chaque instant.

Le 43e, resté dans le jardin du Luxembourg, a fait noblement son devoir en traversant tout Paris sans avoir consenti à rendre ses armes. Il vient de défiler devant le chef du gouvernement au milieu des acclamations générales. Les officiers et soldats qui se sont honorés par cette conduite si méritoire ont été justement récompensés.

THIERS.

Circulaire

Chef du pouvoir exécutif à préfets, sous-préfets et généraux des divisions territoriales

Versailles, le 24 mars 1871, 11 h. 50.

La situation n'est pas sensiblement changée, mais ce changement est dans le sens du bien.

Le parti de l'ordre s'est organisé dans Paris et occupe les principaux quartiers de la ville, notamment la partie ouest et se trouve ainsi en communications continuelles avec Versailles.

L'armée se renforce et se consolide.

Les bataillons constitutionnels destinés à la garde de

l'Assemblée s'organisent, et les populations ainsi que les autorités ne sauraient trop s'occuper de cet objet.

Hier, la présence des maires de Paris a produit une émotion vive dans l'Assemblée.

Dans la séance du soir une explication de l'un des maires de Paris, M. Arnaud de l'Ariége, a fait disparaître les impressions pénibles de la journée.

L'Assemblée reste unie avec elle-même et surtout avec le pouvoir exécutif. L'ordre un moment troublé à Lyon tend à se rétablir par l'intervention de la garde nationale attachée à l'ordre.

La France justement émue peut se rassurer. L'armée allemande devenue menaçante lorsqu'on pouvait craindre le triomphe du désordre, a changé d'attitude tout à coup et est redevenue pacifique depuis qu'elle a vu le gouvernement raffermi. Elle a fait parvenir au chef du pouvoir exécutif les explications les plus satisfaisantes.

THIERS.

Chef du pouvoir exécutif aux préfets, sous-préfets, procureurs généraux, généraux des divisions territoriales et toutes les autorités civiles et militaires.

Versailles, le 25 mars 1871, 10 h. matin.

L'ordre se maintient dans la presque totalité de la France.

Il se rétablit à Lyon.

Il a été troublé à Marseille, mais pas d'une manière inquiétante.

A Paris, le parti de l'ordre contient celui du désordre, et lui tient tête. Il y a un certain retour de calme dû à l'intervention des maires.

A Versailles, l'armée largement pourvue de tout ce qui lui est nécessaire, s'augmente considérablement. Une nombreuse cavalerie est arrivée hier. Tous les chefs rentrés de l'armée continuent d'accourir pour offrir leurs épées.

L'Assemblée siége tous les jours et reste unie au gouvernement.

Nous ne pouvons que conseiller le calme aux populations.

Avec le calme et la résolution, l'ordre sera sauvé.

La République n'est mise en péril que par les anarchistes.   A. THIERS.

Guerre aux préfets et sous-préfets, aux généraux commandant les divisions et les subdivisions militaires

Versailles, le 25 mars 1871, 4 h. 15 soir.

L'Assemblée nationale décide qu'il sera organisé par département un bataillon de volontaires pouvant être mobilisés immédiatement, sur l'ordre du gouvernement, bataillon composé d'hommes de bonne volonté, anciens militaires ou gardes nationaux, sans limite d'âge, aura six ou huit compagnies de 120 à 130 hommes.

Les officiers seront nommés par le ministre de la guerre, sur la présentation concertée des généraux et des préfets.

Ils recevront la solde des officiers d'infanterie, les gardes recevront 1 fr. 50 par jour.

Occupez-vous immédiatement de préparer l'organisation vous allez recevoir des instructions.

Circulaire

Le chef du pouvoir exécutif à MM. les préfets, procureurs généraux divisions territoriales

Versailles, le 26 mars 1871.

Rien de nouveau dans la situation.

Lyon est tout à fait dans l'ordre, grâce à l'énergie

du général et du préfet, et grâce aussi au concours que la garde nationale leur a prêté.

A Marseille, des étrangers appuyant les anarchistes, ont occasionné une émotion passagère que des forces envoyées sur les lieux auront bientôt réprimée.

Toulouse essaye d'imiter ce triste exemple, mais sans force véritable; sauf ces tentatives insignifiantes, la France résolue et indignée, se serre autour du gouvernement et de l'Assemblée nationale, pour réprimer l'anarchie.

Cette anarchie essaye toujours de dominer Paris.

Un accord, auquel le gouvernement est resté étranger, s'est établi entre la prétendue commune, et les mairies pour en appeler aux élections. Elles se feront aujourd'hui probablement sans liberté, et, dès lors, sans autorité morale; que le pays ne s'en préoccupe point, et ait confiance, l'ordre sera rétabli à Paris comme ailleurs.

A. THIERS.

Circulaire

Chef du pouvoir exécutif aux préfets, sous-préfets, généraux, procureurs généraux

Versailles, le 20 mars 1871, 8 h. 35 matin.

L'ordre déjà rétabli à Lyon, vient de l'être à Toulouse d'une manière prompte et complète. Le nouveau préfet, M. de Kératry, qui s'était arrêté à Agen, est entré hier à Toulouse, et a dispersé les représentants de la Commune, expulsé M. du Portal qui était l'oppresseur à la fois ridicule et odieux de cette grande cité. Il a fallu à peine 500 hommes pour opérer cette révolution, grâce au concours des bons citoyens, indignés du joug qu'on leur faisait subir.

Le plan d'insurger les grandes villes a donc complétement échoué. Les auteurs de ce désordre auront à en rendre compte devant la justice. Ils n'ont conservé une sorte d'influence que sur Marseille, Narbonne et Saint-Étienne, où cependant la Commune est expirante. La France est tout entière ralliée derrière le gouvernement légal et librement élu.

A Paris, il règne un calme tout matériel. Les élections auxquelles une partie des maires s'étaient résignés, ont été désertées par les citoyens amis de l'ordre. Là où ils ont pris le parti de voter, ils ont obtenu la majorité qu'ils obtiendront toujours, lorsqu'ils voudront user de leur droit. On va voir ce qui sortira de ces illégalités accumulées.

En attendant, les commandes qui commençaient à venir dans tous les centres industriels, se sont tout à coup arrêtées, et il faut que les bons ouvriers, si nombreux par rapport aux mauvais, sachent que si le pain s'éloigne encore une fois de leur bouche, ils le doivent aux adeptes de *l'Internationale* qui sont les tyrans du travail dont ils se prétendent les libérateurs.

Il faut aussi que les agriculteurs, si pressés de voir l'ennemi s'éloigner de leurs champs, sachent que si cet ennemi prolonge son séjour au milieu de nous, ils le doivent à ces mêmes perturbateurs, devant lesquels l'armée allemande a retardé son départ.

La France, déjà si malheureuse, leur doit encore ses derniers malheurs, et sait bien qu'elle ne les doit qu'à eux.

Du reste, si le gouvernement, pour éviter le plus longtemps possible l'effusion du sang, a temporisé, il n'est point resté inactif, et les moyens de rétablir l'ordre n'en seront que mieux préparés et plus certains.

THIERS.

Chef du pouvoir exécutif à préfets et sous-préfets,
procureurs généraux, etc.

Versailles le 1er avril 1871, 12 h. 45 soir.

Le progrès de l'ordre a été constant depuis trois jours.

Le calme s'est maintenu constamment à Lyon, rétabli sans coup férir à Saint-Étienne et au Creuzot.

A Toulouse, la soumission a été instantanée et ne s'est pas démentie depuis que le préfet, M. de Kératry, y est rentré.

Des poursuites sont intentées contre les auteurs des désordres de Toulouse.

Les ridicules auteurs de l'insurrection de Narbonne avaient la prétention de prolonger leur résistance, abordés par le général Zentz, à la tête de huit cents hommes, ils ont déposé les armes. Leur chef est sous la main de la justice.

A Perpignan, l'autorité est parfaitement obéie.

A Marseille, la garde nationale et la municipalité, ne voulant pas assumer la responsabilité d'une guerre civile funeste à la République autant qu'à la France, ont fait une déclaration qui implique la reconnaissance du gouvernement élu et reconnu par toute la France.

Le général Olivier, un moment prisonnier de l'émeute, a été rendu.

L'armée va rentrer en force à Marseille et tout terminer. Ainsi, la France entière, sauf Paris, est pacifiée.

A Paris, la Commune déjà divisée, essayant de semer partout de fausses nouvelles, pillant les caisses publiques, s'agite impuissante, et elle est en horreur aux Parisiens qui attendent avec impatience le moment d'en être délivrés. L'Assemblée nationale, serrée autour du gouvernement, siége paisiblement à Versailles où achève de s'organiser l'une des plus belles armées que la France ait possédées. Les bons citoyens peuvent donc se rassurer et espérer la fin prochaine d'une crise qui aura été douloureuse mais courte; ils peuvent être certains qu'on ne leur laissera rien ignorer, et que lorsque le gouvernement se taira, c'est qu'il n'aura aucun fait grave ou intéressant à leur faire connaître.

A. THIERS.

Circulaire

Chef du pouvoir exécutif aux préfets et sous-préfets, procureurs généraux de la République, généraux et commandant divisions et subdivisions et à toutes les autorités civiles et militaires.

Versailles, le 2 avril 1871, 6 h. soir.

Depuis deux jours, des mouvements s'étant produits du côté de Rueil, Nanterre, Courbevoie, Puteaux et le pont de Neuilly ayant été barricadé par les insurgés, le gouvernement n'a pas voulu laisser ces tentatives impunies, et il a ordonné de les réprimer sur-le-champ.

Le général Vinoy, après s'être assuré qu'une démonstration qui était faite par les insurgés du côté de Châtillon, n'avait rien de sérieux, est parti à six heures du matin avec la brigade d'Audel de la division Faron; la brigade Bernard de la division Brual, éclairé à gauche par la brigade de chasseurs du général de Galiffet, à droite par deux escadrons de la garde républicaine.

Les troupes se sont avancées par Vaucresson et Montretout, elles ont opéré leur jonction au rond-point des berges.

Quatre bataillons des insurgés occupaient les positions de Courbevoie, telles que la caserne et le grand Rond-Point de la statue.

Les troupes ont enlevé ces positions barricadées avec un élan remarquable. La caserne a été prise par les troupes de marine. La grande barricade de Courbevoie par le 113e. Les troupes se sont ensuite jetées sur la descente qui aboutit au pont de Neuilly, et ont enlevé la barricade qui fermait le pont. Les insurgés se sont enfui précipitamment, laissant un certain nombre de morts, de blessés et de prisonniers. L'entrain des troupes hâtant le résultat, nos pertes ont été presque nulles. L'exaspération des soldats était extrême, et s'est surtout manifestée contre les déserteurs qui ont été reconnus. A quatre heures, les troupes rentraient dans leur cantonnement, après avoir rendu à la cause de l'ordre un service dont la France leur tiendra grand compte. Le général Vinoy n'a pas un instant quitté le commandement.

Les misérables que la France est réduite à combattre ont commis un nouveau crime : le chirurgien en chef de l'armée, M. Pasquier, s'était avancé seul et sans armes, trop près des positions ennemies, il a été indignement assassiné.

A. THIERS.

Chef pouvoir exécutif aux préfets, sous-préfets, généraux commandant les divisions et subdivisions militaires, procureurs généraux, procureurs de la République et à toutes les autorités civiles et militaires.

Versailles, le 3 avril 1871, 9 h. 10 m.

Excités par le combat d'hier, les insurgés ont voulu revenir sur Courbevoie, et ils se sont portés en masse sur Nanterre et Bougival. En même temps, une colonne descendait du nord sur Bezons, Chatou et Choisy. Le Mont-Valérien, dès le point du jour, a ouvert son feu sur les colonnes et chaque obus qui tombait sur elles mettait en fuite les groupes atteints.

Les insurgés ont cherché alors un refuge dans Nanterre,

Rueil et Bougival, et ils ont essayé d'attaquer nos positions. Les brigades Garnier, d'Audel, Dumont, avec deux
batteries de réserve de 12, les ont vivement canonnés, et
les ont bientôt obligés à lâcher prise. Le général Vinoy
qui s'était porté sur les lieux, et qui avait à sa droite la
cavalerie du général Dupreuil, ayant menacé de les tourner, ils se sont dispersés en désordre, et ont laissé en
fuyant, le terrain couvert de leurs morts et de leurs blessés ; c'était une affreuse déroute.

Au même instant, à l'extrémité opposée de ce champ
de bataille, les insurgés attaquaient vers Sèvres, Meudon
et le petit Bicêtre, en nombre considérable. Ils ont rencontré sur ces points, la brigade la Marieuse et l'infanterie du corps de gendarmes.

Ces derniers sont entrés dans Meudon, fusillés par les
fenêtres et se sont comportés avec une admirable valeur.
Ils ont délogé les insurgés qui ont laissé un grand nombre
de morts dans les rues de Meudon.

A droite, les marins du général Bruat et la brigade
Derourt, de la division Faron, ont enlevé le petit Bicêtre
sous les yeux de l'amiral Pothuau qui s'était transporté
en cet endroit et les dirigeait. La journée s'est terminée
par la fuite désordonnée des insurgés vers la redoute de
Châtillon. Leur dispersion et leur fuite précipitée, sont
causes qu'il y a eu plus de morts que de prisonniers.

Cette journée qui aura coûté de grandes pertes à ces
aveugles menés par des malfaiteurs, sera décisive pour le
sort de l'insurrection, tout fait espérer qu'elle ne sera pas
longtemps à sentir son impuissance et à débarrasser Paris de sa présence.

A. THIERS.

Circulaire

*Chef du Pouvoir exécutif aux Préfets, Sous-Préfets
et toutes les autorités civiles et militaires.*

Versailles, le 4 avril 1871, 1 h. 55.

Les opérations de la journée d'hier ont été terminées ce matin avec la plus grande vigueur, les troupes étaient restées devant la redoute de Châtillon, où des travaux considérables avaient été faits contre les Prussiens. À cinq heures du matin, la brigade de Brogat et la division Pellé étaient en face de cet ouvrage important.

Deux batteries de douze étaient chargées d'en éteindre le feu.

Les troupes, dans leur ardeur, n'ont pas voulu attendre que ces batteries eussent accompli leur tâche, elles ont enlevé la redoute au pas de course. Elles ont eu quelques blessés, et elles ont fait 1,500 prisonniers.

Deux généraux improvisés par les révoltés, l'un appelé Duval a été tué, et l'autre, appelé Henry a été fait prisonnier.

La cavalerie qui escortait les prisonniers a eu la plus grande peine, à son entrée à Versailles, à les protéger contre l'irritation populaire. Jamais la basse démagogie n'avait offert aux regards affligés des honnêtes gens, des visages plus ignobles.

L'armée poursuit sa marche sur Châtillon et Clamart. Le brave général Pellé, l'un des meilleurs officiers de l'armée, a été blessé à la cuisse d'un éclat d'obus.

Les troupes réunies aux portes de Marseille pour y faire cesser la triste parodie de la Commune, se sont emparées ce matin de la gare du chemin de fer et sont en marche vers la Préfecture.

Circulaire

Chef pouvoir exécutif à MM. les Préfets, Sous-Préfets, Généraux et toutes les autorités civiles et militaires.

Versailles, le 5 avril 1871, 6 heures soir.

Un nouveau et important succès vient de marquer le rétablissement successif de l'ordre, c'est la chute de la Commune à Marseille.

Le général Espivent, à Marseille, en occupant de vive force la gare du chemin de fer et divers points de la ville, restait la Préfecture, bâtiment carré, une sorte de citadelle. Les marins débarqués de la frégate cuirassière qui stationnait devant Marseille, ont pénétré la hâche d'abordage à la main dans le bâtiment de la Préfecture, ont fait 500 prisonniers et ont mis fin au règne des parodistes de la Commune de Paris. Nombreux coupables ont été arrêtés et justice en sera faite par l'application des lois.

Ainsi, toutes les grandes villes sont aujourd'hui ralliées autour du gouvernement librement élu du pays.

A Limoges s'est produit une émotion peu dangereuse, mais les communistes de cette ville, jaloux de se montrer à la hauteur des communistes de Paris, ont assassiné le colonel du régiment de cuirassiers qui était cantonné dans le département. La répression va suivre de près ce lâche assassinat.

Devant Paris, nous avons achevé de couronner tout le plateau de Châtillon.

Un feu de peu d'effet s'échange entre la redoute de Châtillon conquise par les défenseurs de l'ordre, et les forts d'Issy et de Vanves.

Le gouvernement, soigneux d'épargner le sang de l'armée, n'a pas voulu ordonner l'attaque de ces forts, dont le sort est lié à celui de Paris, et qui tomberont avec la grande capitale quand le moment en sera venu.

Les insurgés qui ne peuvent plus se dire vainqueurs sont consternés, ils se proscrivent les uns les autres en attendant qu'abandonnés de toute la population, ils trouvent la fin qu'ils ont méritée.

Tels sont les faits d'hier et d'aujourd'hui, rapportés avec l'exactitude dont le gouvernement est résolu à ne jamais s'écarter.

Circulaire

Chef pouvoir exécutif à préfets et sous-préfets, généraux, procureurs et toutes les autorités civiles et militaires.

Versailles, le 5 avril 1871, 7 h. 15 s.

Le gouvernement vient de recevoir la dépêche télégraphique suivante qui devra être affichée dans toutes les communes de France :

Le général de division à M. le ministre de la guerre.

Marseille, 5 avril 1871, 1 h. 35 s.

J'ai fait une entrée triomphale dans la ville de Marseille avec toutes mes troupes, j'ai été beaucoup acclamé. Mon quartier général est installé à la Préfecture.

Les délégués du Comité révolutionnaire ont quitté individuellement la ville dès hier matin.

Le procureur général près la cour d'Aix qui me donne le concours le plus dévoué, lance des mandats d'amener contre eux dans toute la France ; nous avons fait 500 prisonniers, que je fais conduire au château d'If.

Tout est parfaitement tranquille en ce moment à Marseille.

Je vous remercie des renforts que vous m'annoncez ; ils me permettront dans très-peu de jours, de diriger sur l'Algérie les quelques forces que j'en ai momentanément détournées.

Général ESPIVENT.

Ainsi, l'insurrection est vaincue à Marseille et l'on peut être assuré qu'elle le sera bientôt dans la France entière.

———

Chef pouvoir exécutif à préfets, sous-préfets, généraux commandant divisions et subdivisions militaires, procureurs généraux et toutes les autorités civiles et militaires.

Versailles, le 7 avril 1871, 7 h. 10 s.

Circulaire à faire afficher par les préfets dans toutes les communes.

Hier, le régiment de gendarmerie et la brigade Besson ont enlevé Courbevoie, caserne et ville.

Aujourd'hui vendredi, la division Montaudon habilement et énergiquement dirigée par son chef, parfaitement aidée des troupes du génie, a enlevé le pont de Neuilly défendu par un ouvrage des plus considérables.

L'entrain des troupes a été extraordinaire. Le général Montaudon a été blessé légèrement, mais le général Péchot, très-grièvement.

Les insurgés ont fait des pertes immenses.

Cette journée sera décisive par l'importance de la position qu'on vient de conquérir.

A. THIERS.

———

Circulaire

Chef pouvoir exécutif aux préfets, sous-préfets, généraux commandant les divisions et subdivisions militaires, procureurs généraux et toutes les autorités civiles et militaires.

Versailles, le 10 avril 1871, 3 h. 45.

La situation n'a pas sensiblement changé depuis trois jours.

A Marseille le désarmement continue sans troubles.

A Toulouse tous les communistes ont essayé de lever une barricade, enlevée sans résistance par un simple détachement.

Partout ailleurs règnent l'ordre et l'obéissance au gouvernement légal. Les insurgés se sont montrés de nouveau à Asnières et ont disparu sous la fusillade de nos soldats.

Au pont de Neuilly nos troupes achèvent la tête du pont et consolident la position de ce point important.

La conduite des troupes est admirable partout et notre armée se montre des meilleurs temps.

Le gouvernement poursuit avec fermeté l'accomplissement du plan qu'il a adopté, et loin de s'inquiéter les bons citoyens n'ont jamais eu plus de raison de prendre confiance dans l'avenir.

A. THIERS.

Circulaire

Chef pouvoir exécutif à préfets et sous-préfets, généraux, procureurs et toutes les autorités civiles et militaires.

Versailles, le 11 avril 1871.

Rien de nouveau.

Le plus grand calme règne dans nos cantonnements.

Aujourd'hui le maréchal Mac-Mahon, les généraux de Cissey, Ladmirault, prennent possession de leurs commandements. Le général Vinoy conserve le commandement de l'armée de réserve.

L'armée s'organise et augmente chaque jour davantage.

Ne croyez à aucun des faux bruits qu'on répand.

Le président du conseil n'a pas songé un instant à donner sa démission, étant parfaitement uni avec l'Assemblée nationale, et profondément dévoué à ses devoirs, quelques difficiles qu'ils soient; quant à une conspiration contre la République qui tendrait à la renverser, démentez ce bruit absurde et perfide, il n'y a de conspiration contre la République que de la part des insurgés de Paris.

Mais on prépare contre eux des moyens irrésistibles et qu'on ne cherche à rendre tels, que dans le désir et l'espérance d'épargner l'effusion du sang. Que les bons citoyens sincères dans leurs alarmes se rassurent, il ne surviendra pas un seul événement sans qu'on le leur fasse connaître, et il n'y en a aucun de funeste à prévoir ni à craindre.

A. Thiers.

Circulaire

Chef pouvoir exécutif à préfets, sous-préfets, généraux, procureurs, etc., etc. et toutes les autorités civiles et militaires.

Versailles, le 12 avril 1871, 5 h. 30 soir.

A faire afficher dans toutes les communes de France.

Ne vous laissez pas inquiéter par de faux bruits. L'ordre le plus parfait règne en France, Paris seul excepté. Le gouvernement suit son plan et il n'agira que lorsqu'il jugera le moment venu, jusque-là les événements de nos avant-postes sont insignifiants. Les récits de la Commune sont aussi faux que les principes. Les écrivains de l'insurrection prétendent qu'ils ont remporté une victoire du côté de Châtillon, opposez un démenti formel à ces mensonges ridicules. Ordre est donné aux avant-postes de ne dépenser inutilement ni la poudre ni le sang de nos soldats.

Cette nuit, les insurgés, vers Clamart, ont canonné et fusillé dans le vide sans que nos soldats devant lesquels ils fuient à toutes jambes aient daigné riposter.

Notre armée, tranquille et confiante, attend le moment décisif avec une parfaite assurance, et si le gouvernement la fait attendre c'est pour rendre la victoire moins sanglante et plus certaine.

L'insurrection donne plusieurs signes de fatigue et d'épuisement. Bien des intermédiaires sont venus à Versailles porter des paroles, non pas au nom de la Commune, sachant qu'à ce titre ils n'auraient pas même été reçus, mais au nom des républicains sincères, qui demandent le maintien de la République, et qui voudraient voir appliquer des traitements modérés aux insurgés vaincus.

La réponse a été invariable : personne ne menace la République, si ce n'est l'insurrection elle-même.

Le chef du pouvoir exécutif persévérera loyalement dans les déclarations qu'il a faites à plusieurs reprises.

Quant aux insurgés, les assassins exceptés, et ceux qui ne déposeront pas les armes, auront la vie sauve.

Les ouvriers malheureux conserveront pendant quelques semaines le subside qui les faisait vivre. Paris jouira comme Lyon, comme Marseille, d'une représentation municipale élue, et comme les autres villes de France fera librement les affaires de la cité, mais pour les villes comme pour les citoyens, il n'y aura qu'une loi, une seule, et il n'y aura de privilége pour personne. Toute tentative de scission essayée par une partie quelconque du territoire, sera énergiquement réprimée en France, ainsi qu'elle l'a été en Amérique. Telle a été la réponse sans cesse répétée, non pas aux représentants de la Commune que le gouvernement ne saurait admettre auprès de lui, mais à tous les hommes de bonne foi qui sont venus à Versailles s'informer des intentions du gouvernement.

A. THIERS.

Chef pouvoir exécutif à MM. les préfets, sous-préfets, généraux, procureurs, et toutes les autorités civiles et militaires.

(Circulaire à afficher dans toutes les communes.)

Versailles, le 14 avril 1871, 8 h. 35.

Les deux journées qui viennent de s'écouler ne pouvaient amener des événements, parce que le gouvernement persistant dans ses travaux d'organisation, ne cherche pas à faire des entreprises du côté de Châtillon et des forts du Sud. La canonnade a été presque insignifiante, pourtant une sortie de l'ennemi a été vigoureusement repoussée et nous répétons à cette occasion que les nuits précédentes, il est absolument faux que l'ennemi ait tenté et réalisé quoi que ce soit, si ce n'est une canonnade et une fusillade dans le vide, restées sans réponse, ce qui certes n'auraient pas eu lieu, s'il avait voulu faire un seul pas en avant.

Nos postes sont bien établis, parfaitement défendus du feu et ne souffrant en aucune manière ; tandis que les insurgés consomment leurs munitions inutilement, notre nombreuse cavalerie se portant vers Juvisy et Choisy-le-Roi, les a privés des communications avec Orléans, de manière qu'il ne leur en reste plus aucune avec la province. Du côté opposé, c'est-à-dire vers Neuilly, les insurgés canonnent les remparts de Maillot. Notre tête de pont de Neuilly et le général Wolff, un de nos plus vigoureux officiers, ont fait une sortie contre les maisons de droite et de gauche, et ont fait subir à l'ennemi des pertes considérables.

On s'occupe de contre-battre la batterie d'Asnières, uniquement pour contenir l'ennemi, l'intention étant toujours de nous borner à conserver nos positions jusqu'au jour où nous tenterons, par une action décisive, de mettre un terme à cette guerre civile déplorable. Jusque-là, il n'y a de significatif que des arrivées de troupes et de matériel. L'Assemblée poursuivant paisiblement ses travaux a voté aujourd'hui, à une immense majorité, la loi municipale, après avoir presque sur tous les points consacré le projet du gouvernement, elle a prouvé en même temps qu'elle voulait tenir parole à Paris, en le dotant d'autant plus de franchises municipales que les villes qui en ont le plus.

A. THIERS.

Circulaire

Chef pouvoir exécutif à Préfets et Sous-Préfets, Généraux, Procureurs, et toutes les autorités civiles et militaires.

Versailles, le 16 avril 1871, 5 h. 45.

Le gouvernement s'est tu hier, parce qu'il n'y avait aucun événement à faire connaître au public, et s'il parle aujourd'hui c'est pour que les alarmistes mal intentionnés ne puissent abuser de son silence pour semer de faux bruits. La canonnade sur les deux extrémités de nos positions, Châtillon au sud, Courbevoie au nord, ont été insignifiantes cette nuit. Nos troupes s'habituent à dormir au bruit de ces canons qui ne tirent que pour les éveiller ;

nous n'avons donc rien à raconter, si ce n'est que les insurgés vident les principales maisons de Paris, pour en vendre le mobilier au profit de la Commune, ce qui constitue la plus odieuse des spoliations.

Le gouvernement persiste dans son système de temporisation pour deux motifs qu'il peut avouer, c'est d'abord de réunir des forces tellement imposantes que la résistance soit impossible et dès lors peu sanglante, c'est ensuite pour laisser à des hommes égarés le temps de revenir à la raison. On leur a dit que le gouvernement veut détruire la République, ce qui est absolument faux, sa seule occupation étant de mettre fin à la guerre civile, de rétablir l'ordre, le crédit, le travail, et d'opérer enfin l'évacuation du territoire par l'acquittement des obligations contractées envers la Prusse.

On dit à ces mêmes hommes égarés qu'on veut les fusiller tous, ce qui est encore faux, le gouvernement faisant grâce à tous ceux qui mettent bas les armes, comme il a fait à l'égard de deux mille prisonniers qu'il nourrit à Belle-Isle sans en tirer aucun service. On leur dit enfin, que, privés du subside qui les fait vivre, on veut les forcer à mourir de faim, ce qui est aussi faux que tout le reste, puisque le gouvernement leur a promis encore quelques semaines de ce subside pour leur fournir le moyen d'attendre la reprise du travail, reprise certaine, si l'ordre est rétabli, et la soumission à la loi obtenue.

Éclairez les hommes égarés, tout en préparant les moyens infaillibles de réprimer leurs égarements s'ils y persistent.

Tel est le sens de l'attitude du gouvernement, et si quelques coups de canon se font entendre, ce n'est pas son fait, c'est celui de quelques insurgés voulant faire croire qu'ils combattent lorsqu'ils osent à peine se faire voir. La vérité de la situation la voilà tout entière, et pour un certain nombre de jours elle sera la même.

Nous prions donc les bons citoyens de ne pas s'alarmer si tel jour le gouvernement, faute d'avoir rien à dire, aime mieux se taire. Il a dit, et l'action ne se révèle que par les résultats.

Or, ces résultats il faut savoir les attendre. Loin de les hâter, on les retarde en voulant les précipiter.

A. THIERS.

Circulaire

Chef pouvoir exécutif à Préfets et Sous-Préfets, Généraux, Procureurs et toutes les autorités civiles et militaires.

Versailles, le 17 avril 1871, 8 h. soir.

Aujourd'hui nos troupes ont exécuté un brillant fait d'armes du côté de Courbevoie, la division Montaudon dirigée par son habile général, a fait la conquête du château de Bécon. Après une vive canonnade le jeune colonel Davoust duc d'Auerstdatd, s'est élancé à la tête de son régiment et a enlevé le château. Nos troupes du génie se sont hâtées de commencer un épaulement avec des sacs à terre et d'établir une forte batterie.

La position d'Asnières ainsi contre-battue, ne pourra plus inquiéter notre tête de pont de Neuilly, nous n'avions pas d'autre objectif, persistant toujours à éviter les petites actions jusqu'à l'action décisive qui rendra définitivement force à la loi. L'événement d'aujourd'hui, exécuté sous le feu croisé d'Asnières et de l'enceinte, n'en est pas moins un acte remarquable d'habileté et de vigueur.

A. THIERS.

Circulaire

Chef pouvoir exécutif à Préfets, Sous-Préfets, Généraux, Procureurs et toutes les autorités civiles et militaires.

Versailles, le 18 avril 1871, 4 h. 26 soir.

Nouveaux succès de nos troupes ce matin, toujours dans le but de garantir notre position de Courbevoie contre les feux de la porte Maillot et du village d'Asnières. Le régiment des gendarmes, sous les ordres du brave colonel Gremellin, a enlevé le village de Colombes, s'est ensuite porté au delà, et a repoussé au loin les insurgés en leur faisant essuyer des pertes sensibles, en morts ou en prisonniers. Quelques rails enlevés à propos ont arrêté la locomotive blindée et l'ont laissée dans le plus grand péril.

Ces combats de détail, où l'ennemi ne prouve qu'une chose, l'abondance d'artillerie trouvée sur les remparts de Paris, font ressortir l'entrain et le zèle de nos jeunes soldats, et le peu de tenue des insurgés, qui fuient dès qu'ils ne sont plus appuyés par les canons dérobés à l'enceinte de Paris.

A. THIERS.

Circulaire

Chef pouvoir exécutif à MM. les Préfets, Sous-Préfets, Généraux, Procureurs et toutes les autorités civiles et militaires.

Versailles, le 19 avril 1871, 7 heures.

Asnières a été emporté le matin. Nos soldats, sous la conduite du général Montaudon qui se multiplie dans ces circonstances, se sont jetés sur la position malgré le feu

de l'enceinte, et l'ont emportée avec une vigueur extraordinaire.

L'ennemi a fait des pertes énormes et ne peut plus
inquiéter notre établissement de Courbevoie. Ainsi, nous
avançons vers le terme de cette criminelle résistance à la
loi du pays, et la Commune déjà désertée par les électeurs, le sera bientôt par ses défenseurs égarés, qui
commencent à comprendre qu'on les trompe et qu'on
sacrifie inutilement leur sang à une cause à la fois impie
et perdue.

THIERS.

Circulaire

Chef pouvoir exécutif à Préfets, Sous-Préfets, Généraux
Procureurs, etc., et toutes les autorités civiles et mili-
taires.

Versailles, le 24 avril 1871, 9 h. soir.

Les jours écoulés viennent de se passer en travaux du
génie et en concentration de troupes. Les corps formés
à Cherbourg, Cambrai, Auxerre, avec les prisonniers
revenus d'Allemagne, sont venus prendre position à
Versailles et y ont été remarqués par leur tenue à la fois
sévère et ferme. On reconnaît parmi eux, les vaillants
de Gravelotte, qui, en combattant un contre deux, ont
livré sans fléchir une des plus grandes batailles du siècle ;
ils forment deux corps séparés, sous les généraux Douai
et Clinchant.

C'est autour de Bagneux que se sont passés les combats
de ces deux derniers jours ; avant hier, les insurgés
avertis qu'on avait barricadé Bagneux, ont attaqué ce
village, d'abord avec 200 hommes qui ont été mis en
déroute, puis avec une seconde colonne d'un millier
d'hommes et d'une pièce de canon.

La petite garnison, composée de deux compagnies du 46ᵉ, a attendu les insurgés à 100 mètres, et les a mis en fuite par un feu meurtrier. La route est restée jonchée de leurs morts.

Aujourd'hui, ils ont voulu recommencer, et se sont avancés précédés par une avant-garde aux ordres d'un sergent. Les tirailleurs du 70ᵉ, habilement embusqués, ont reçu cette avant-garde à bout portant et l'ont détruite. Le sergent et ses hommes ont été tués.

Le hideux drapeau rouge et celui qui le portait, sont entre nos mains. Les petits combats qui avaient pour but de troubler nos travaux, n'ont point atteint leur but, car ces travaux sont achevés et les opérations vont bientôt commencer.

A. THIERS.

Circulaire

Chef pouvoir exécutif à MM. les Préfets et Sous-Préfets, Généraux, Procureurs et toutes les autorités civiles et militaires.

Versailles, le 26 avril 1871, 2 h. 50.

Les opérations actives ont commencé hier, trois grandes lignes de batteries ont ouvert leurs feux sur les forts de Vanves et d'Issy, la ligne de droite ayant à contrebattre à la fois les feux de Vanves et d'Issy, a eu quelques blessés et quelques embrasures atteintes, sans cesser pourtant de tirer activement; la ligne du centre, qui contenait 17 bouches à feu, de fort calibre, n'a eu ni un blessé, ni une de ses pièces endommagées et a fait tonner sur le fort d'Issy une formidable canonnade.

Dès midi, son feu avait pris une supériorité marquée sur celui du fort d'Issy, qui, à 5 heures, ne tirait plus que quelques coups fort rares; à gauche, l'action restait moins vive de part et d'autre, l'action sérieuse était celle du centre, et tout faisait présager que le fort d'Issy serait bientôt réduit au silence et annulé. C'est pour le moment un combat d'artillerie, dont l'issue ne saurait être douteuse et dont nous ferons connaître exactement les péripéties.

THIERS.

Circulaire

Chef pouvoir exécutif à Préfets et Sous-Préfets, Généraux, Procureurs et toutes les autorités civiles et militaires.

Versailles, le 27 avril 1871, 5 h. 15 soir.

Les opérations de l'armée ont continué dans la journée d'hier, notre artillerie a maintenu son feu avec une supériorité marquée et surtout décisive contre le fort d'Issy, elle n'a pu ni voulu éteindre le feu du fort de Vanves qui n'était pas l'objet de ses efforts, elle n'a songé qu'à contenir, mais elle a dirigé ses troupes sur le fort d'Issy, qui n'est plus la difficulté de nos opérations tant il est réduit au silence, tout au plus, fait-il entendre un coup de canon d'heure en heure, pour donner signe de vie, mais nous le répétons, il n'est plus désormais à craindre.

L'armée a poursuivi ses cheminements sur notre gauche (droite du fort d'Issy) et sans s'astreindre aux opérations d'un siége en règle, a fait des pas en avant, de manière à ne plus permettre à l'ennemi des retours offensifs.

Cette nuit, le brave général Faron, à la tête de 100 fusiliers marins, 300 hommes du 119e de ligne, 4 compagnies du 35e de ligne, a abordé la difficile position des Moulineaux.

L'élan des troupes a singulièrement abrégé la lutte et diminué nos pertes.

Des maisons, des barricades ont été successivement enlevées, et les Moulineaux sont restés en notre pouvoir couverts des corps de l'ennemi, sur-le champ le génie a pris ses précautions et assuré la situation de nos troupes, nous ne sommes plus qu'à 8 ou 900 mètres du fort d'Issy.

Pendant ce temps, tout se prépare sur l'étendue entière de notre ligne, depuis Neuilly jusqu'à Meudon, pour rendre nos opérations aussi efficaces que rapides.

A. THIERS.

Circulaire

Chef pouvoir exécutif à Préfets et Sous-Préfets, Généraux, Procureurs et toutes les autorités civiles et militaires.

Versailles, le 28 avril 1871, 3 heures soir.

Nos troupes poursuivent leurs travaux d'approche sur le fort d'Issy. Les batteries de gauche ont agi puissamment sur le parc d'Issy, qui n'est plus habitable pour ceux qui l'occupaient. Le fort d'Issy ne tire presque plus. A droite notre cavalerie, parcourant la campagne, a rencontré une bande d'insurgés. Les éclaireurs du 7e, commandés par le capitaine Santolins, ont mis en déroute cette bande de la force d'une compagnie et ont amené prisonniers le capitaine, le lieutenant, le fourrier et 10 hommes, 30 ou 40 sont tombés ou tués, le reste des insurgés a été poursuivi jusqu'auprès des Hautes-Bruyères. Malgré la vigueur de la fusillade, nous n'avons eu aucune perte à déplorer de notre côté.

A. THIERS.

Le chef du pouvoir exécutif à toutes les autorités civiles et militaires.

Versailles, 30 avril 1871, 11 h. 30 soir.

Les travaux d'approche contre le fort d'Issy ont continué, et le gouvernement a reçu les dépêches suivantes qu'il s'empresse de publier :

Général de Cissey à M. le chef du pouvoir exécutif et à M. le maréchal commandant en chef à Versailles.

Bel-Air, 30 avril, 5 h. matin.

Le coup de main sur la ferme de Bonamy en avant de Chatillon a été exécuté par une compagnie du 70⁰ et par la compagnie des éclaireurs du 71⁰.

2 officiers insurgés ont été tués et 30 insurgés tués ou blessés, et fait 75 prisonniers, dont 4 officiers, qui arriveront dans la matinée à Versailles; de notre côté, un sergent et 2 hommes tués et 6 blessés.

On ne saurait accorder trop d'éloges à ces troupes et surtout aux capitaines Dumouchel, du 70⁰, et Broussier, du 71⁰.

A plus tard les détails de l'affaire d'Issy.

Le général de Cissey à M. le chef du pouvoir exécutif et le maréchal de Mac-Mahon, à Versailles.

Bel-Air, 30 avril, 6 h. 53 m.

Je reçois du général Faron la dépêche suivante :

Fleury, le 30 avril, 6 heures du matin.

Opération bien réussie.

Le cimetière, les tranchées, les carrières et le parc d'Issy ont été enlevés avec beaucoup d'élan par les bataillons des brigades de Roja, Paturel et Berthe, avec le concours des fusiliers marins. Nous occupons fortement les nouvelles positions très-rapprochées des saillants et de l'entrée du fort. Le parc est relié au chemin de fer par une tranchée passant en avant du cimetière. De notre côté, peu de morts, une vingtaine de blessés. Les insurgés, en très-grand nombre, se sont précipitamment retirés en laissant nombreux morts et des blessés, ainsi qu'une centaine de prisonniers, 8 pièces d'artillerie, beaucoup de munitions et 8 chevaux.

A. Thiers.

Circulaire

Le chef du pouvoir exécutif à toutes les autorités civiles et militaires

Versailles, le 2 mai 1871, 2 h.

Opérations de l'armée :

Le fort d'Issy, accablé par le feu de nos batteries, avait arboré le drapeau parlementaire et allait se rendre, lorsqu'un envoyé de la Commune, arrivant soudainement, a empêché les défenseurs de déposer les armes; le feu a recommencé sur-le-champ et a continué ses ravages.

Cette nuit, le général Lamariouze de la division Faron, à la tête de deux bataillons, un du 35e et un du 42e, a emporté le château d'Issy avec la plus grande vigueur. Pendant ce temps, le 32e de chasseurs à pied, de la brigade Berthe, s'approchant en silence de la gare de Clamart, l'a enlevée à la baïonnette presque sans tirer.

Les insurgés, dans ces deux actions, ont fait des pertes considérables; ils ont laissé 300 morts sur le terrain et environ 400 prisonniers; en ce moment, le fort, complétement investi et isolé de Paris, sera bientôt en notre pouvoir, ou par reddition ou par force. Nos opérations continuent donc selon un plan bien mûri, et de manière à amener des résultats prochains.

Pendant ce temps, la Commune, délaissée par les électeurs de toute la France, et menacée par notre armée, commet des actes qui sont ceux du désespoir.

Elle arrête ses généraux pour les fusiller, et institue un Comité de salut public qui indignera tout le monde sans faire trembler personne ; elle est évidemment au terme de son délire, et il ne lui reste que la ressource dont elle use tous les jours, d'annoncer aux Parisiens qu'elle est partout victorieuse. Toujours est-il qu'en quatre jours le fort d'Issy a été éteint et entièrement isolé de Paris par un investissement actuellement complet.

A. THIERS.

Circulaire

Le chef du pouvoir exécutif à toutes les autorités civiles et militaires.

Versailles, le 4 mai 1871, 4 h. soir.

Pendant que nos travaux d'investissement continuent autour du fort d'Issy, se liant à d'autres travaux plus importants autour de l'enceinte, la division Lacretelle a exécuté à notre extrême droite une opération des plus hardies vers le moulin Saquet ; elle s'est portée sur cette position, l'a enlevée, a fait 300 prisonniers et pris huit pièces de canon ; le reste de la troupe des insurgés s'est enfui à toutes jambes : 150 morts et blessés sur le champ de bataille.

Telle est la victoire que la Commune pourra célébrer demain dans ses bulletins.

Du reste, nos travaux d'approche avancent avec une rapidité admirée de tous les hommes de l'art, et qui promet à la France une prompte fin de ses épreuves, et à Paris surtout la délivrance des affreux tyrans qui l'oppriment.

A. THIERS.

Circulaire

Le chef du pouvoir exécutif à toutes les autorités civiles et militaires.

Versailles, le 6 mai 1871, 7 h. 30 m. soir.

Ceux qui suivent les opérations que notre armée exécute avec un dévouement admirable pour sauver l'ordre social si gravement menacé par l'insurrection parisienne, ont compris qu'il s'agissait d'annuler le fort d'Issy en éteignant ses feux et en coupant ses communications tant avec le fort de Vanves qu'avec l'enceinte. Ces opérations touchent à leur terme, malgré l'obstacle qu'elles rencontrent dans les batteries du fort de Vanves. En ce moment nos troupes travaillent à la tranchée qui va séparer le fort d'Issy de celui de Vanves ; la ligne du chemin de fer qui traverse un passage voûté est la ligne qu'on se dispute depuis trois jours.

Cette nuit, 240 marins et deux compagnies du 17e bataillon de chasseurs à pied, conduits par le général Paturel, se sont résolûment élancés sur le chemin de fer et sur le passage voûté.

Les marins, accueillis par un feu très-vif, ont été vaillamment soutenus par deux compagnies du 17e, et la ligne du chemin de fer, ainsi que le passage voûté, sont restés en notre pouvoir.

Cependant la garnison de Vanves, cherchant en ce

moment à prendre nos soldats à revers, était prête à
sortir de ses positions, lorsque le colonel Vilmette s'est
jeté sur elle à la tête du 2e régiment provisoire, a enlevé les tranchées des insurgés, a pris le redan où ils
se logeaient, en a tué et pris un grand nombre, et a ter-
miné ce brillant engagement par un coup de main décisif.

On a tourné aussitôt le redan contre l'ennemi, et on y
a pris quantité d'armes, de munitions, de sacs de vivres
abandonnés par la garnison de Vanves, le drapeau 119e
bataillon insurgé. Comme on le voit, pas un jour n'est
perdu, chaque heure nous approche du moment où l'attaque terminera les anxiétés de Paris et de la France tout
entière. Nous avons eu plusieurs officiers distingués mis
hors de combat dans ces opérations ; le colonel Laperche,
le lieutenant Pavoi et le jeune de Broglie ont été gravement mais non dangereusement blessés. On espère qu'ils
seront bientôt remis.

THIERS.

Circulaire

*Le chef du pouvoir exécutif à toutes les autorités civiles
et militaires.*

Versailles, 8 mai 1871, 11 h. 30 matin.

Le gouvernement fait répandre aujourd'hui dans Paris
la proclamation suivante :

*Le gouvernement de la République française
aux Parisiens.*

La France, librement consultée par le suffrage universel, a élu un gouvernement qui est le seul légal, le
seul qui puisse commander l'obéissance, si le suffrage
universel n'est pas un vain mot.

Ce gouvernement vous a donné les mêmes droits que ceux dont jouissent Lyon, Marseille, Toulouse, Bordeaux, et à moins de mentir au principe de l'égalité, vous ne pouvez demander plus de droits que n'en ont toutes les autres villes du territoire.

En présence de ce gouvernement, la Commune, c'est-à-dire la minorité qui vous opprime, qui ose se couvrir de l'infâme drapeau rouge, a la prétention d'imposer à la France ses volontés.

Par ses œuvres vous pouvez juger du régime qu'elle vous destine. Elle viole les propriétés, emprisonne les citoyens pour en faire des otages, transforme en déserts vos rues et vos places publiques, où s'étalait le commerce du monde, suspend le travail dans Paris, le paralyse dans toute la France, arrête la prospérité qui était prête à renaître, retarde l'évacuation du territoire par les Allemands, et vous expose à une nouvelle attaque de leur part, qu'ils se déclarent prêts à exécuter sans merci si nous ne parvenons pas nous-mêmes à comprimer l'insurrection. Nous avons écouté toutes les délégations qui nous ont été envoyées, et pas une ne nous a offert une condition qui ne fût l'abaissement de la souveraineté nationale devant la révolte, le sacrifice de toutes les libertés, de tous les intérêts.

Nous avons répété à ces délégations que nous laisserions la vie sauve à ceux qui déposeraient les armes, et que nous continuerions le subside aux ouvriers nécessiteux. Nous l'avons promis, nous le promettons encore; mais il faut que cette insurrection cesse, car elle ne peut se prolonger sans que la France y périsse.

Le gouvernement qui vous parle aurait désiré que vous puissiez vous affranchir vous-mêmes des quelques tyrans qui se jouent de votre liberté et de votre vie. Puisque vous ne le pouvez pas, il faut bien qu'il s'en charge, et c'est pour cela qu'il a réuni une armée sous vos murs, armée qui vient au prix de son sang, non pas vous conquérir, mais vous délivrer.

Jusqu'ici il s'est borné à l'attaque des ouvrages extérieurs ; le moment est venu où, pour abréger votre supplice, il doit attaquer l'enceinte elle-même. Il ne bombardera pas Paris, comme les gens de la Commune et du Comité de salut public ne manqueront pas de vous le dire.

Un bombardement menace toute la ville, la rend inhabitable, et a pour but d'intimider les citoyens et de les contraindre à une capitulation.

Le gouvernement ne tirera le canon que pour forcer une de vos portes, et s'efforcera de limiter au point attaqué les ravages de cette guerre dont il n'est pas l'auteur.

Il sait, il aurait compris de lui-même si vous ne le lui aviez fait dire de toutes parts, qu'aussitôt que les soldats auront franchi l'enceinte, vous vous rallierez au drapeau national pour contribuer avec notre vaillante armée à détruire une sanguinaire et cruelle tyrannie.

Il dépend de vous de prévenir les désastres qui sont inséparables d'un assaut. Vous êtes cent fois plus nombreux que les sectaires de la Commune. Réunissez vous, ouvrez-nous les portes qu'ils ferment à la loi, à l'ordre, à votre prospérité, à celle de la France. Les portes ouvertes, le canon cessera de se faire entendre, le calme, l'ordre, l'abondance, la paix rentreront dans vos murs ; les Allemands évacueront notre territoire, et les traces de vos maux disparaîtront rapidement ; mais si vous n'agissez pas, le gouvernement sera obligé de prendre, pour vous délivrer, les moyens les plus prompts et les plus sûrs. Il vous le doit à vous, mais il le doit surtout à la France, parce que les maux qui pèsent sur elle, parce que le chômage qui vous ruine s'est étendu sur elle et la ruine également, parce qu'elle a le droit de se sauver si vous ne savez pas vous sauver vous-mêmes.

Parisiens, pensez-y mûrement, dans très-peu de jours nous serons dans Paris, la France veut en finir avec la guerre civile, elle le veut, elle le doit, elle le peut, elle marche pour vous délivrer. Vous pouvez contribuer à vous sauver vous-mêmes en rendant l'assaut inutile, et en reprenant votre place dès aujourd'hui au milieu de vos concitoyens et de vos frères.

A. Thiers.

Circulaire

Chef du pouvoir exécutif aux préfets et toutes les autorités civiles et militaires

Versailles, le 9 mai 1871, 9 h. 05.

L'habile direction de notre armée, secondée par la bravoure de nos troupes, a aujourd'hui obtenu un résultat éclatant. Le fort d'Issy, après huit jours d'attaque seulement, a été occupé ce matin par le 38e de ligne. On y a trouvé beaucoup de munitions et d'artillerie.

Nous donnerons demain des détails, mais nous pouvons, dès aujourd'hui, louer l'heureuse audace avec laquelle nos généraux ont conduit les approches sous les feux croisés du fort de Vanves, de l'enceinte et du fort d'Issy. Le génie lui-même a eu une grande part à ces résultats si prompts et si décisifs. Le fort de Vanves est dans un état qui ne permettra guère de prolonger sa résistance. Du reste, la conquête du fort d'Issy suffit seule pour assurer le succès du plan d'attaque actuellement entrepris.

Cette nuit, le général Douai, après une vigoureuse canonnade de la formidable batterie de Montretout, favo-

risée en outre par une nuit sombre, a passé la Seine, et
est venu s'établir en avant de Boulogne devant les bas-
tions 67, 66, 65, formant le Point-du-Jour.

Quatorze cents travailleurs, pris dans le dixième de
chasseurs à pied, 26e de ligne, 85e de ligne, 5e provisoire (brigade Gandil de la division Berthaud), dans
le 26e de chasseurs à pied et le 37e de marche (Du-
guerre, de la division Verger), ont ouvert la tranchée
vers dix heures du soir, et travaillé toute la nuit jusqu'à
la pointe du jour, moment où ils ont dû interrompre
leur travail. Leur droite est à la Seine, leur gauche est
à l'extrémité de Boulogne. Grâce à leur activité et à
leur courage, ils étaient à quatre heures du matin couverts, et à l'abri des feux de l'ennemi; ils ne sont plus
qu'à 300 mètres de l'enceinte, c'est-à-dire à une dis-
tance d'où ils pourraient, s'ils le voulaient, établir déjà
une batterie de brèche.

Tout nous fait donc espérer que les cruelles épreuves
de la population honnête de Paris tirent à leur fin, et
que le règne odieux de la faction infâme qui a pris le
drapeau rouge pour emblème, cessera bientôt d'oppri-
mer et de déshonorer la capitale de la France.

Il faut espérer que ce qui se passe ici servira de leçon
aux tristes imitateurs de la Commune de Paris, et les
empêchera de s'exposer aux sévérités légales qui les
attendent s'ils osaient pousser plus loin leur entreprise
aussi criminelle que ridicule.

A. Thiers.

Versailles, le 14 mai 1871, 4 h. 45.

Le fort de Vanves vient d'être pris; il est occupé par
nos troupes.

Thiers.

Le chef du pouvoir exécutif à toutes les autorités
civiles et militaires

Versailles, le 13 mai 1871, 5 h. soir.

Pendant que nos troupes ont entrepris dans le bois de Boulogne d'ouvrir la tranchée sur un long développement, et que la formidable artillerie de Montretout protége les travaux d'approche, le 2e corps (général de Cissey) a, du côté d'Issy, accompli un fait d'armes des plus brillants.

Hier, à midi, les troupes du général Osmant, ont attaqué les maisons situées au point où la route stratégique rencontre la route de Chatillon à Montrouge ; cette opération qui a été exécutée par les fusilliers marins, une compagnie du 4e bataillon de chasseurs à pied, et les partisans du 113e de ligne, a eu pour résultat de couper toute communication entre les forts de Vanves et de Montrouge.

Quelques heures plus tard le commandant de Pontecoulant avec un bataillon du 46e de ligne (brigade Rocher), a enlevé à la baïonnette le couvent des Oiseaux, à Issy.

Dans cette attaque exécutée de la manière la plus brillante, nos soldats ont déployé un admirable élan. Les pertes de l'ennemi sont considérables, nous avons pris 8 canons, plusieurs drapeaux et fait des prisonniers.

A la suite de cette affaire, les insurgés comprenant qu'ils ne pouvaient plus tenir en dehors de l'enceinte, ont successivement abandonné toutes les parties du village qu'ils occupaient encore, laissant de nouveau entre nos mains un grand nombre de prisonniers.

L'occupation du lycée de Vanves effectuée cette nuit, amène nos troupes à quelques centaines de mètres à peine de l'enceinte. Ainsi, sur tous les points, nous approchons du terme final de nos occupations et de la délivrance de Paris.

THIERS.

Le chef du pouvoir exécutif à toutes les autorités

Versailles, le 21 mai 1871, 7 h. soir.

La porte de Saint-Cloud vient de s'abattre sous le feu de nos canons, le général Douai s'y précipite et il entre en ce moment dans Paris avec ses troupes.

Les corps d'armée des généraux Ladmirault et Clinchant s'ébranlent pour le suivre.

A. THIERS.

Circulaire

Le chef du pouvoir exécutif à toutes les autorités

(Deuxième dépêche.)

Versailles, le 22 mai 1871, 4 h. 30 matin.

Une moitié de l'armée est déjà dans Paris. Nous avons les portes de Saint-Cloud, de Passy, d'Auteuil et nous sommes maîtres du Trocadéro.

A. THIERS.

Circulaire

Le chef du pouvoir exécutif à toutes les autorités

Versailles, le 23 mai 1871, 2 h. 35.

Les événements suivent la marche que vous aviez le droit de prévoir. Il y a 90,000 hommes dans Paris. Le général Cissey est établi de la gare de Montparnasse à l'École militaire et achève de border la rive gauche de la Seine jusqu'aux Tuileries.

Les généraux Douai et Vinoy enveloppent la place Vendôme pour se diriger ensuite sur l'Hôtel-de-Ville. Le général Clinchant maître de l'Opéra, de la gare Saint-Lazare et des Batignolles, vient d'enlever la barrière de Clichy, il est ainsi au pied de Montmartre, que le général Ladmirault veut tourner avec deux divisions. Le général Montaudon suivant par dehors le mouvement du général Ladmirault, a pris Neuilly, Levallois-Perret, Clichy et attaqué Saint-Ouen, il a pris 16 bouches à feu et une foule de prisonniers.

La résistance des insurgés cède peu à peu et tout fait espérer que si la lutte ne finit pas aujourd'hui elle sera terminée demain au plus tard et pour longtemps.

Quant au nombre des morts et des blessés il est impossible de le fixer, mais il est considérable. L'armée n'a fait que des pertes très-peu sensibles.

A. Thiers.

Circulaire

Le chef du pouvoir exécutif à toutes les autorités

Versailles, le 23 mai 1871, 4 h. soir.

Depuis une heure, après midi, le drapeau tricolore flotte sur la butte Montmartre et sur la gare du Nord. Ces positions décisives ont été enlevées par les corps des généraux Clinchant et Ladmirault. On a fait environ 2 à 3,000 prisonniers. Le général Douai a pris l'église de la Trinité et marche sur la mairie de la rue Drouot. Les généraux Cissey et Vinoy se portent sur l'Hôtel-de-Ville et les Tuileries.

A. Thiers.

Circulaire

Le chef du pouvoir exécutif à toutes les autorités

Versailles, le 25 mai 1871.

Nous sommes maîtres de Paris, sauf une très-petite partie qui sera occupée ce soir.

Les Tuileries sont en cendres, le Louvre est sauvé.

La partie du ministère des finances qui longe la rue de Rivoli est incendiée, le palais du quai d'Orsay dans lequel siégeaient le Conseil d'État et la Cour des comptes a été incendié également. Tel est l'état dans lequel Paris nous est livré par les scélérats qui l'opprimaient et le déshonoraient.

Ils nous ont laissé 12,000 prisonniers et nous en aurons 18 à 20,000, le sol de Paris est jonché de leurs cadavres.

Ce spectacle affreux servira de leçon aux insensés qui osaient se déclarer partisans de la Commune, la justice du reste satisfera bientôt la conscience humaine indignée des actes monstrueux dont la France et le monde viennent d'être témoins.

L'armée a été admirable. Nous sommes heureux dans notre malheur de pouvoir annoncer que grâce à la sagesse de nos généraux elle a essuyé très-peu de pertes.

THIERS.

Circulaire

Le chef du pouvoir exécutif à toutes les autorités.

Versailles, le 27 mai 1871, 7 h. 15 m. soir.

Nos troupes n'ont pas cessé de suivre l'insurrection pied à pied, lui enlevant chaque jour les positions les

·plus importantes de la capitale et lui faisant des prisonniers qui s'élèvent jusqu'ici à 25,000, sans compter un nombre considérable de morts et de blessés. Dans cette marche sagement calculée, nos généraux et leur illustre chef ont voulu ménager nos braves soldats, qui n'auraient demandé qu'à enlever au pas de course les obstacles qui leur étaient opposés.

Tandis qu'au dehors de l'enceinte notre principal officier de cavalerie, le général du Barail, prenait avec des troupes à cheval les forts de Montrouge, de Bicêtre et d'Ivry, et qu'au dedans le corps de Cissey exécutait les belles opérations qui nous ont procuré toute la rive gauche, le général Vinoy, suivant le cours de la Seine, s'est porté vers la place de la Bastille, hérissée de retranchements formidables, a enlevé cette position avec les divisions Bruat et Faron, s'est emparé du faubourg Saint-Antoine jusqu'à la place du Trône. Il ne faut pas oublier dans cette opération le concours efficace et brillant que notre flotille a donné aux troupes du général Vinoy. Ces troupes ont enlevé aujourd'hui même une forte barricade au coin de l'avenue Philippe-Auguste et de la rue de Montreuil. Elles ont ainsi pris position à l'est et au pied des hauteurs de Belleville, dernier asile de cette insurrection qui, en fuyant, tire de sa défaite la monstrueuse vengeance de l'incendie.

Au centre, en tournant vers l'est, le corps de Douai a suivi la ligne des boulevards, appuyant sa droite à la place de la Bastille et sa gauche au cirque Napoléon. Le corps de Clinchant, venant se rallier à l'ouest au corps de Ladmirault, a eu à vaincre, aux Magasins-Réunis, une violente résistance qu'il a vaillamment surmontée. Enfin, le corps du général Ladmirault, après avoir enlevé avec vigueur les gares du Nord et de l'Est, s'est porté à la Villette et a pris position au pied des Buttes-Chaumont.

Ainsi, les deux tiers de l'armée, après avoir conquis

successivement toute la rive droite, sont venus se ranger au pied des hauteurs de Belleville, qu'ils doivent attaquer demain matin. Pendant ces six jours de combats continus, nos soldats se sont montrés aussi énergiques qu'infatigables et ont opéré de véritables prodiges bien autrement méritoires de la part de ceux qui attaquent les barricades que de ceux qui les défendent. Leurs chefs se sont montrés dignes de commander à de tels hommes et ont pleinement justifié le vote que l'Assemblée leur a décerné.

Après les quelques heures de repos qu'ils prennent en ce moment, ils termineront, demain matin, sur les hauteurs de Belleville, la glorieuse campagne qu'ils ont entreprise contre les démagogues les plus odieux, les plus scélérats que le monde ait vus, et leurs patriotiques efforts mériteront l'éternelle reconnaissance de la France et de l'humanité.

Du reste, ce n'est pas sans avoir fait des pertes douloureuses que notre armée a rendu au pays de si mémorables services. Le nombre de nos morts et de nos blessés n'est pas grand, mais les coups sont sensibles. Ainsi, nous avons à regretter le général Leroy, l'un des officiers les plus braves et les plus distingués de nos armées; le commandant Seboyer, du 23e bataillon de chasseurs à pieds, s'étant trop avancé, a été pris par les scélérats qui défendaient la Bastille et, sans respect des lois de la guerre, a été fusillé. Ce fait, du reste, concorde avec la conduite des gens qui incendient nos villes et nos monuments, et qui avaient réuni des liqueurs vénéneuses pour empoisonner nos soldats presque instantanément.

A. Thiers.

Circulaire

Le chef du pouvoir exécutif à toutes les autorités

Versailles, le 28 mai 1871, 3 h. 15 soir.

Nos corps d'armée, chargés d'opérer sur la rive droite, étaient, dès hier au soir, rangés en cercle au pied des buttes Chaumont et des hauteurs de Belleville. Cette nuit, ils ont surmonté tous les obstacles. Le général Ladmirault a franchi le bassin de la Villette, l'abattoir, le parc aux bestiaux, et gravi les buttes Chaumont et les hauteurs de Belleville.

Le jeune Davoust, si digne du nom qu'il porte, a enlevé les barricades, et, au jour, le corps Ladmirault, couronnait les hauteurs.

De son côté, le corps Douai partait du boulevard Richard-le-Noir, pour aborder par le centre les mêmes positions de Belleville.

Pendant le même temps, le général Vinoy a gravi le cimetière du Père-Lachaise, enlevé la mairie du 20e arrondissement et la prison de la Roquette.

Les marins ont partout déployé leur entrain accoutumé.

En entrant dans la Roquette, nous avons eu la consolation de sauver 169 otages qui allaient être fusillés. Mais hélas! les scélérats auxquels nous sommes obligés d'arracher Paris incendié et ensanglanté, avaient eu le temps d'en fusiller 64, parmi lesquels nous avons la douleur d'annoncer que se trouvaient l'archevêque de Paris, l'abbé Deguerry, le meilleur des hommes, le président Bonjean et quantité d'hommes de bien et de mérite. Après avoir égorgé ces jours derniers le généreux Chaudey, cœur plein de bonté, républicain invariable, qui pouvaient-ils épargner?

Maintenant, rejetés à l'extrémité de l'enceinte entre

l'armée française et les Prussiens qui leur ont refusé passage, ils vont expier leurs crimes et n'ont plus qu'à mourir ou à se rendre.

Le trop coupable Delescluze a été ramassé mort par les troupes du général Clinchant. Millière, non moins fameux, a été passé par les armes pour avoir tiré trois coups de revolver sur un caporal qui l'arrêtait. Ces expiations ne consolent pas de tant de malheurs, de tant de crimes surtout; mais elles doivent apprendre à ces insensés qu'on ne provoque, qu'on ne défie pas en vain la civilisation, et que bientôt la justice répond pour elle.

L'insurrection, parquée dans un espace de quelques centaines de mètres, est vaincue définitivement; la paix va renaître; mais elle ne saurait chasser des cœurs honnêtes la profonde douleur dont ils sont pénétrés.

A. Thiers.

APPENDICE

L'*Officiel* de Paris a publié l'intéressante lettre suivante, qui éclaire certains points restés obscurs des faits et gestes du Gouvernement de la Défense nationale :

GAMBETTA A JULES FAVRE

Tout à fait confidentielle et personnelle.

Bordeaux, 11 janvier 1871.

Mon cher ami,

J'ai en main vos deux dépêches des 9 et 12 janvier, auxquelles j'ai déjà fait deux courtes réponses, exclusivement consacrées à réclamer de vous et de vos collègues un acte de suprême énergie pour décider une sortie générale des forces actives de Paris. Mais l'heure est trop grave pour que je ne considère pas comme un devoir impérieux de vous faire connaître tous mes sentiments et toutes les résolutions que m'inspirent votre situation et la nôtre.

Je sens que vous êtes perdus, que vous allez à l'abîme avec la conscience manifeste des fautes de celui qui vous y pousse (1), de l'écrasante responsabilité qui vous reviendra dans l'histoire pour n'avoir pas su rejeter virilement l'instrument de notre perte commune. Vous voyez s'approcher tous les jours de vous, de la France et de la République, l'horrible catastrophe, et vous vous résignez en gémissant... plutôt que de vous défaire résolûment d'un seul homme qui, quelles que soient ses vertus, est infé-

---

(1) Le général Trochu.

rieur à la situation, à son rôle aussi bien qu'à son mandat. De mesquines considérations de personnes vous entravent à ce point de rendre stériles les efforts gigantesques de Paris et de la France depuis quatre mois. Vous vous laissez acculer par la famine et par la..., vous avez ainsi laissé passer une victorieuse trouée, et, avec des intentions plus pures, vous tomberez comme ceux qui sont tombés à Metz et à Sedan.

Peut-être tenterez-vous à la dernière heure une... honorable, sans servir la patrie. Ces grands efforts veulent être opportuns pour être efficaces. Si vous étiez sortis le 7 janvier, comme le marque votre dépêche du 9 janvier, Chanzy, au lieu d'un échec sur la ligne du Mans, aurait probablement compté un triomphe.

Si vous sortiez aujourd'hui, demain, après-demain, profitant du moment où les Prussiens ont dégarni leurs lignes pour opposer 200,000 hommes à Chanzy. 100,000 à Bourbaki, vous réussiriez encore. Il y a des traîtres dans Paris. Les Prussiens savent toujours à l'avance vos projets et vos opérations. Je vous avais fait passer des indications précises et précieuses sur certains personnages. Les a-t-on surveillés avec soin? Je vous citais la source de mes observations.

Redoublez de vigilance, soyez défiants et suivez avec soin les indications de l'opinion publique qui apporte toujours en ces choses un merveilleux instinct de divination. Les journaux de Paris qui me sont parvenus, même les plus modérés, me prouvent que je ne fais qu'exprimer le sentiment unanime de votre admirable population. En ce qui touche votre situation populaire, je vais vous l'exposer dans toute sa fidélité.

. . . .

Il est évident que l'armée qui est dans Paris ne peut pas seulement être une force défensive; elle doit constituer une armée d'opérations extérieures, une armée de secours capable de prendre la campagne et augmenter par là le nombre des forces opérant à l'extérieur contre l'ennemi.

J'estime que le rôle des armées créées par la province est double : converger vers Paris comme force offensive ou bien enlever aux assiégeants et retenir loin de la capitale des forces imposantes qui diminueraient d'autant la profondeur des lignes d'investissement. Mais, à tous ces points de vue, le succès final n'est possible qu'à la condition que Paris sorte en temps opportun de sa persistante inaction.

Dans l'Est, nos affaires vont beaucoup mieux. L'entreprise du général Bourbaki, dont vous avez saisi l'importance, a déjà produit d'importants résultats. Le tableau ci-joint des dépêches relatives à ses mouvements et aux succès déjà obtenus vous initiera fidèlement à toutes les phases de l'opération ; mais je tiens à constater, pour lui comme pour Chanzy, que l'action a commencé dans les premiers jours de décembre, ainsi que je vous l'avais annoncé, et, qu'en réalité, depuis près de vingt jours, ces deux armées se battent constamment, avec des fortunes diverses, mais toutes dans votre intérêt, car les revers de l'une et les succès de l'autre ne vous sont pas moins profitables, puisqu'elles retiennent loin de vous les meilleures troupes qui environnent Paris.

C'est Frédéric-Charles qui commande toutes les forces prussiennes dans l'Ouest, et qui est acharné sur Chanzy depuis vingt jours ; c'est Manteuffel qui est général en chef et qui a amené sur Bourbaki cent mille hommes de plus, dérobés aux lignes d'investissement. Werder a été destitué ; car les Prussiens ont la bonne méthode, et, chez eux, les généraux battus sont relevés de leur commandement. Il est allé rejoindre Von der Thann et Steinmetz, et pendant toutes ces luttes, que fait Paris ? Rien. Sa population supporte stoïquement les obus des Prussiens ; mais on se demande, non-seulement en France, mais en Europe, ce que fait la population militaire.

Cependant le temps vous presse, vos dépêches ne nous laissent à cet égard aucune incertitude ; qu'at-

tendez-vous pour agir? Autour de vous, tout le monde vous a adjuré. Je vous ai envoyé mon vote, je viens de vous exposer les nécessités de la situation; je vous ai fait connaître l'opinion générale, unanime dans le sens d'un effort immédiat; retarder plus longtemps, quel que soit le motif, le prétexte d'une pareille faiblesse, serait un acte coupable contre le pays et contre la République; même indirectement, je ne veux pas m'y associer.

Vous avez en main la puissance et le droit nécessaires pour vous faire obéir. Usez-en; mais vous comprendrez que mon devoir est de faire connaître à la France vos dépêches si caractéristiques sur la situation et la direction militaire de la capitale. En conséquence, si le 25 je n'ai pas reçu une dépêche nous annonçant qu'une sortie et sans espoir de retour est engagée avec tous vos moyens, je ferai connaître à la France la vérité tout entière.

Vous comprenez, en effet, que nous ne pouvons pas laisser tomber sans la réconforter l'opinion et soutenir un pareil choc. Je voudrais vous avoir près de nous.

Salut fraternel.

Signé : Léon GAMBETTA.

JULES FAVRE A GAMBETTA

Le 23 janvier 1871

Le grand drame s'achève, mon cher ami, et rien malheureusement ne peut nous soustraire à son funèbre dénoûment. Nous sommes sans nouvelles aucunes depuis votre dépêche du 16, et nous sentons que tout est fini des secours que nous pouvions espérer de la province. Mais Paris ne veut pas accepter cette cruelle vérité, et il continue à s'agiter dans les mêmes généreuses et impuissantes ardeurs.

Après la triste journée du 19, il a cru à une re-

vanche prochaine, et en même temps manifesté, avec
une irritation d'heure en heure croissante, sa colère
contre M. le général Trochu. Je vous ai dit que
j'avais plusieurs fois insisté pour son remplacement,
et que la résistance de la majorité du conseil seule
m'avait arrêté dans l'exécution de ce dessein. Je
n'avais pour moi que Picard. Mais, après l'affaire
du 19, la persistance de M. Trochu à garder le commandement devenait un véritable danger.

J'ai vainement essayé d'amener mes amis à un
acte un peu vigoureux et le général à une résolution
nécessaire. La journée du vendredi 20 s'est passée
dans ces tiraillements ; le samedi 21, les symptômes
sont devenus plus menaçants, et le soir, les maires
réunis au gouvernement ont nettement dit à M. Trochu qu'il ne pouvait conserver le commandement en
chef. J'oubliais de dire que, la veille, vendredi 20,
je les avais réunis, et que, dans une séance de cinq
heures, on avait posé et discuté la question de la défense.

M. Trochu déclarait qu'elle était désormais impossible, et qu'il était prêt à céder le commandement
à l'officier qui serait d'une opinion contraire. Le
samedi, nous avons réuni les généraux qui nous
semblaient les plus audacieux; nous leur avons posé
les mêmes questions, et nous en avons reçu les
mêmes réponses. Le soir, j'ai fait connaître cette
situation aux maires, et c'est alors que presque tous,
deux ou trois excepté, ont exprimé cette opinion que
M. Trochu devait se retirer en gardant le gouvernement de Paris et la présidence.

Après leur départ, à minuit et demi, la délibération a commencé. M. Trochu avait supporté les
duretés qui lui avaient été dites ; il avait montré un
grand calme avec nous; il n'a pas été moins ferme à
nous dire qu'il ne se démettrait pas, qu'il engageait
le Gouvernement à le remplacer, mais qu'il ne con-
serverait aucune de ses fonctions, hors celle de
membre du Gouvernement et en déclinant la présidence.

La discussion a été longue, confuse, orageuse. Il fallait d'abord savoir si on le remplacerait, puis par qui. — Il y a un mois, je proposais le général Vinoy. A la suite de bien des tergiversations, il a été accepté, et nous l'avons nommé d'urgence sans le consulter. Il était trois heures du matin. A ce moment, on vient nous apprendre que Mazas a été forcé par une bande qui a délivré Flourens et d'autres détenus politiques. Ce n'était que le prélude de désordres malheureusement plus graves.

Hier, l'animation de Paris était immense. Quelques factieux de Paris ont essayé de l'exploiter pour se jeter sur l'Hôtel-de-Ville, qu'ils ont attaqué à main armée. Cette agression criminelle était le résultat d'une conspiration, car les fenêtres des maisons de la place avaient été occupées, et de là les insurgés tiraient sur l'Hôtel-de-Ville. La fusillade a duré une demi-heure environ. La garde nationale et la troupe ont balayé l'émeute, occupé la place et la journée s'est passée dans un calme relatif. Mais le danger est considérable, imminent.

Pour prolonger la durée de la défense, nous nous sommes laissé accuser. Nous sommes talonnés par la famine et bientôt nous n'aurons plus que nos chevaux. Il faut donc s'arrêter. Le mot est affreux, horrible à prononcer. J'engage cependant nos collègues à ne pas tarder davantage; nous ne pouvons plus rien espérer et nous nous épuisons sans résultat possible.

Je ne vous entretiens pas de nos résolutions, nous n'en avons pris aucune. Il faut y arriver — et j'insiste — ai-je besoin de stipuler que nous ne ferons pas la paix? Nous ne traiterons que pour Paris; pour la France, nous ne nous reconnaissons pas d'autre droit que de convoquer une Assemblée en réservant toutes les questions. Pour cela, un armistice serait nécessaire, il vous profiterait et il faudrait l'accepter.

Mais cette foi est vaine. *La Prusse voudra que Paris se rende à discrétion, et Paris sera forcé d'ac-*

cepter cette loi cruelle. Ce qu'il souffre ne peut se dire. La mortalité y est affreuse, surtout sur les enfants. *Que sera-ce dans les jours où il faudra vivre de cheval?* Le bombardement continue avec une extrême violence et chaque jour fait des victimes.

Saint-Denis est abîmé; la population s'est enfuie et vient s'ajouter à nos angoisses.

Je ne crois pas qu'il y ait une situation plus lamentable; je regrette de ne pas être à Londres pour essayer de la conjurer, et néanmoins j'aurais été bien malheureux de ne pas partager le sort de mes amis et de ma cité.

D'ici à deux jours, il faut à tout prix dire la vérité à Paris, qui l'ignore, qui s'illusionne, qui veut encore combattre. Ce sera une crise affreuse et bien périlleuse, et je ne sais comment nous la traverserons; puis viendront les péripéties de la capitulation. La Prusse se montrera inflexible. Paris, à chaque bombe qui l'écrase, la hait davantage. Celui qui arriverait à déterminer l'ennemi à ne pas entrer dans notre enceinte rendrait un service signalé dont personne ne lui saurait gré et qui le couvrirait d'impopularité. — Cela est-il possible? C'est là ce qu'il faut savoir.

Mon ami, j'ai le cœur brisé. Je ne pouvais prévoir qu'un pareil désastre fût réservé à la fin de ma vie. Je ne sais si je sortirai vivant de l'épreuve. Si je puis la traverser, je ne me consolerai jamais Au moins voudrais-je conserver à mon pays des institutions qui lui permettent de mettre à profit ces épouvantables calamités et de le régénérer. Mais c'est encore un rêve, ce qui n'interdit pas de l'essayer. Nous sommes tous bien malheureux, mais nous ne songeons pas à récriminer et nous croyons qu'il est aussi injuste qu'impolitique de récriminer contre nous.

Je vous embrasse.

JULES FAVRE.

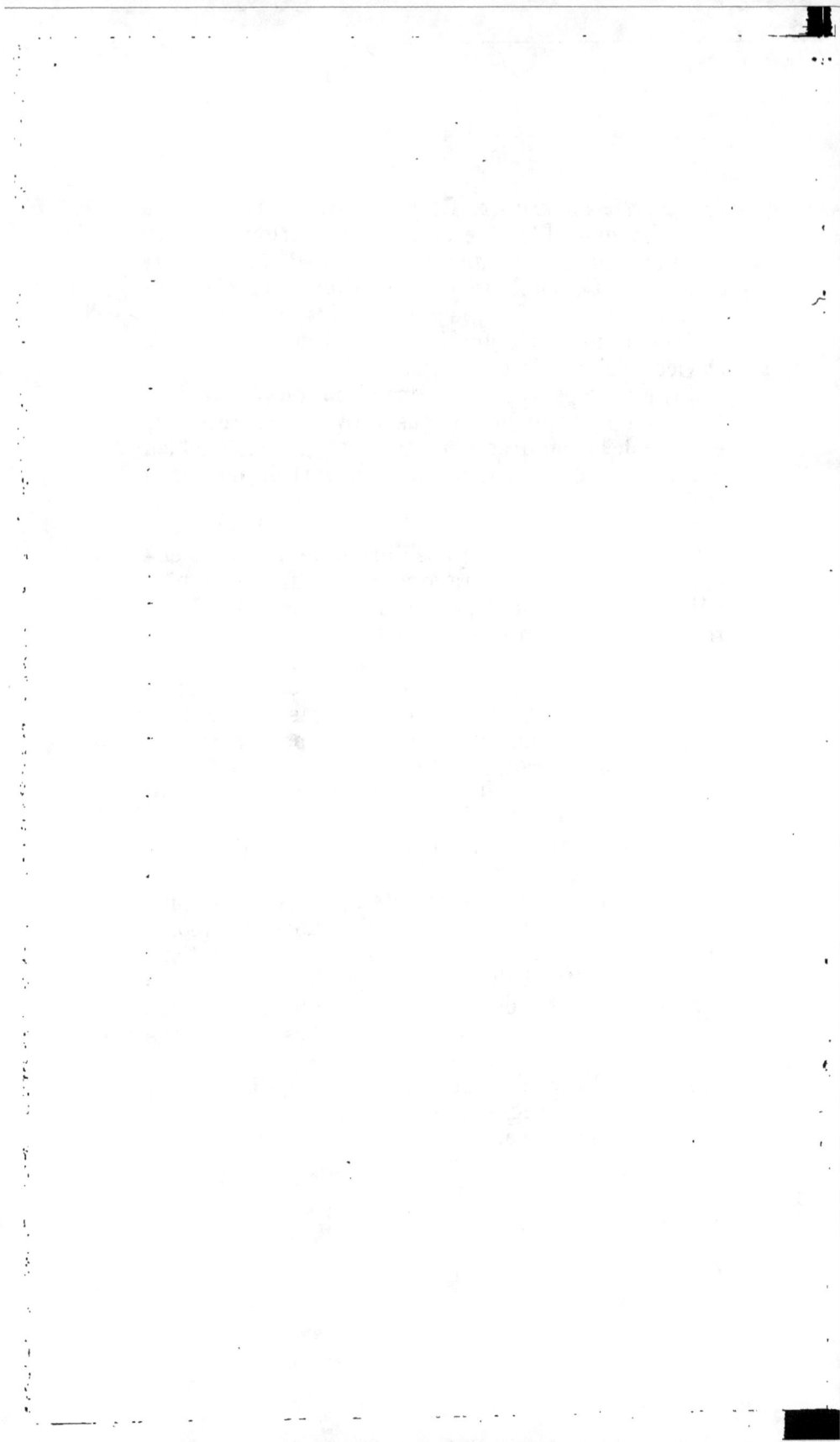

LIBRAIRIE INTERNATIONALE

A. LACROIX, VERBOECKHOVEN & Cⁱᵉ, Éditeurs

15, boulevard Montmartre et faubourg Montmartre, 13

HISTOIRE

DE LA

CAMPAGNE DE FRANCE

1870-1871

Par F. DELAUNAY

2 vol. in-8°, paraissant en dix fascicules de 80 pages environ,
avec huit cartes, au prix de 1 franc le fascicule.

L'OUVRAGE COMPLET, 2 VOL. IN-8° : 10 FRANCS

La France, violemment disjointe, est rendue enfin à
elle-même. Son premier besoin est de rassembler dans sa
pensée tous les détails et les accidents de cette lutte déses-
pérée.

Voici un livre qui répond à ce besoin d'informations
générales et complètes. Grâce à lui, Paris et la province
vont se retrouver et se comprendre ; la lumière va se
faire et l'ordre s'introduire dans ce chaos de rumeurs contradictoires et rétrospectives,

Un écrivain de talent, préparé par des études histo-
riques de haute valeur, M. Ferdinand Delaunay s'est
donné la tache de retracer l'*Histoire de la Campagne de
France* (1870-71). Son travail, constamment animé par un

souffle d'indépendance et de libéralisme, par des peintures saisissantes où l'on surprend les tressaillements, les espérances et les angoisses du patriotisme, embrasse tous les faits moraux, politiques, diplomatiques, militaires et administratifs qui ont préparé, provoqué ou accompagné la guerre.

A côté du récit détaillé, dramatique et vivant des événements on trouve des déductions lumineuses et des jugenements mûrement réfléchis.

Ce n'est donc pas un travail improvisé, en ce sens que rien n'y est négligé ni tronqué. Les parties les plus importantes et les plus difficiles, qui touchent à la politique générale, y sont traitées avec soin. Un ensemble de documents précieux, que la publicité journalière disperse à tous les vents, y sont réunis pour établir authentiquement les faits, confirmer les appréciations et donner des matériaux aux historiens futurs.

L'œuvre de M. Ferdinand Delaunay n'est pas seulement l'œuvre d'un historien, mais d'un patriote. Elle nous fait pénétrer la raison profonde des choses, la logique, souvent cachée et toujours inexorable, des faits. L'auteur écrit pour les contemporains, afin de les éclairer et de les corriger, mais aussi pour la génération qui s'élève, afin de la fortifier, de l'armer, de l'aguerrir. Il travaille à l'œuvre grande et sainte de guérison et de résurrection.

« Le moment est venu, dit-il, de reconnaître nos faiblesses, nos fautes, nos vices, nos crimes, pour les proscrire et les effacer. Le moment est venu de porter sur nos plaies le fer et le feu. Descendons en nous-mêmes, éclairons nos consciences ; devenons attentifs, modestes, sérieux et forts.

« Savez-vous quel sera le chemin de la réhabilitation, c'est-à-dire de la vengeance ?

« L'étude, le travail, le devoir, la discipline dans les idées et dans les mœurs ! »

Paris. — Imp. Émile Noblet et Cᵉ, 61, rue J.-J.-Rousseau.

LIBRAIRIE INTERNATIONALE

A. LACROIX, VERBOECKHOVEN et Cie, Éditeurs

13, *Faubourg Montmartre, à Paris*

PUBLICATIONS DE 1870

Motley. Histoire des Provinces-Unies des Pays-Bas. traduit de l'anglais par M. E. Rordy, 8 vol. in-8, le vol. . . . . 5 fr.

*** Le Machiavel français, broch. in-8 de 150 p. . 2 fr.

*** Le Catholicisme romain et l'Orthodoxie russe. 1 fr.

Ch. Mismer. Soirées de Constantinople, 1 v. in-8. 6 fr.

Th. Funck-Brentano. La Pensée exacte en philosophie, 1 volume in-18. . . . . 3 fr. 50.

A. de Corval. La Danse des Vivants, 1 v. in-18, 2 fr.

De l'Etang. l'Ouvrier, sa Femme et ses Enfants, 1 volume in-18. . . . . 1 fr. 25

Alphonse Esquiros. l'Emile du XIXe siècle, 1 beau volume in-8. . . . . 7 fr. 50.

Godinus. l'Esprit de Famille, 1 vol. in-18. . . 3 fr.

Raymond François. Les Derniers Jours d'un Empire, 1 volume in-18. . . . . . . 3 fr. 50.

M. de Montifaud. Marie-Magdeleine, 1 b. v. in-8 5 fr.

P. Foucher. Le Démon de l'Amour, 1 v. in-18. 2 fr.

Plouvier. Le Livre d'or des Femmes, 1 beau volume avec 40 gravures hors texte, broché 10 fr., relié 14 fr.

Janus. Le Pape et le Concile, traduit par GIRAUD-TEULON, 1 volume in-18. . . . . . . 3 fr. 50.

Pétruccelli della Gatina. Histoire diplomatique des Conclaves, 4 forts volumes in-8. . . . 24 fr.

Laurent. Le Catholicisme et la Religion de l'avenir, 2 volumes in-8. . . . . 15 fr.

Gneist. La Constitution communale de l'Angleterre. 5 volumes in-8. . . . . 25 fr.

*** Études politiques sur le second Empire. in-8. 2 fr.

Armand Pommier. Les Monologues d'un Solitaire, 1 volume in-8. , ... 7 fr. 50

Xavier Broca. Projet concernant l'extinction du Paupérisme, in-8. . . . . 1 fr.

A. de Lourmel. Le Tir et la Chasse, 1 v. in-18, 2 fr.

J. Levallois. L'Année d'un Ermite, un v. in-18. 3 fr. 50.

Jules Simon. Le Travail, un volume in-8. . 6 fr.

Claire de Chanteneux. Les Remèdes contre l'Amour, 1 volume in-18. . . . . 3 fr.

Adéle Daminols. Corps et Ame, 1 vol. in-18. 3 fr.

Neptali Chambellan. Les Deux Vicaires, 1 volume in-18. . . . . 3 fr.

Le Doux. La Bordelaise, 1 vol. in-18. illustré. . 3 fr.

De l'Etang. l'Ouvrière et ses Enfants, 1 v. in-18. 50 c.

Armand Hayem. Quelques conséquences du principe des Nationalités. 1 volume in-18. . . . . 2 fr. 50.

— La Démocratie représentative, 1 v. in-18. 1 fr. 50.

— De la Représentation nationale. 1 v. in-18. 1 fr. 50.

Docteur Oliviéri. La Science devant la Philosophie et la Foi. 1 volume in-18 . . . . . . 1 fr. 50·

Ambert. Portraits Républicains, 1 vol. in-18. 3 fr. 50

Charles Delprat. L'art du Chant, 1 vol. in-8. 2 fr.

Lazare. La Légende des rues, 2 vol. in-18. . . 7 fr.

Jules Simon. Le Travail, 1 vol. in-18. . 3 fr. 50.

— L'Ecole, 1 volume in-18. . . . . . . 3 fr. 50

— L'Ouvrier de huit ans, 1 volume, in-18. 3 fr. 50.

— La Politique radicale, 1 volume in-18. 3 fr. 50.

D. P. Le Sublime ou le Travailleur, comme il est en 1870, 1 volume in-8. . . . . 7 fr. 50.

Jules Simon. Le Libre-Echange, 1 vol. in-8. . 6 fr.

— La Peine de mort, 1 volume gr. in-18. . . 1 fr.

Edgar Quinet. La Création, 2 vol. in-8. . . 10 fr.

Léon Vaquez. Raymonde, 1 v. gr. in-18. . . 3 fr.

*** Réponse à Alexandre Dumas fils, à propos de la préface de l'*Ami des femmes*, 1 broch. in-12. . 50 c.

Paul Aréne. Jean des Figues, avec une eau-forte d'Émile BENASSIT, 1 volume gr. in-18. . . . 3 fr.

Henri Cernuschi. La Mécanique de l'Échange, 1 volume in-8. . . . . 3 fr. 50.
— Contre le billet de banque, 1 vol. gr. in-18. 2 fr.
— Illusions des Sociétés coopératives, 1 v. in-18. 2 fr. 50.

P.-J. Proudhon. (*Œuvres posthumes*) *Théorie du Mouvement constitutionnel* au XIXᵉ siècle. Les Contradictions politiques, 1 vol. gr. in-18. 3 fr. 50.

Comtesse de Juillan. Les Trois amours (Caprice. Passion, Tendresse) 1 volume gr. in-18. . . 2 fr.

Edmond Castellan. Recherches sur le Principe d'autorité, 1 volume gr. in-18. . . . . . 3 fr. 50.

Charles Gouraud. La Société française et la Démocratie, 1 volume gr. in-18. . . . . 3 fr. 50.

L. Guyot-Montpayroux. La France du Suffrage universel, broch. in-8. . . . . 1 fr.

E. Darcey. Le Concile, satire. broch. in-8. . . 50 c.
*** L'Empire austro-hongrois et la Politique du comte de Beust. Esquisse politique des hommes et des choses de 1866 à 1870, avec cartes, traduit. de l'anglais, 1 volume in-8. . . . . 5 fr.

G. Hervé. La Question religieuse au point de vue de la Conscience générale, 1 volume gr. in-18. . 3 fr. 50.

Ch. Potvin. Les Prix quinquennaux et triennaux en Belgique. — Rapports officiels de 1850 à 1870. 1 volume in-8. . . . . 5 fr.

Ch. Desmaze. Le Chatelet de Paris, son organisation, ses priviléges, 1 volume in-8. . . . . . . 3 fr.

Hippolyte Babou. Les Amoureux de Mme de Sévigné. Les Femmes vertueuses du grand siècle. 1 vol. in-8. . . . . 3 fr.

Paul Merruau. L'Égypte contemporaine, de Méhémet-Ali à Saïd-Pacha. Nouvelle édition augmentée d'une Étude sur l'Isthme de Suez, par Ferdinand de Lesseps, 1 volume in-8. . . . . 3 fr.

Louis Blanc. Histoire de la Révolution de Février 1848, 2 volumes gr. in-18. . . . . 7 fr.

Mᵐᵉ Gagneur. Les Forçats du Mariage, 1 v. in-18. 3 fr.

Fr. Laurent. Études sur l'Histoire de l'Humanité. Histoire du Droit des Gens. t. xviii. 1 v. in-8. 7 fr. 50.
— La Philosophie de l'Histoire, 1 vol. in-8. 7 fr. 50.

Edouard Langeron. Grégoire VII et les Origines de la Doctrine ultramontaine, 1 vol. in-8. . 5 fr.

X. Emmanuelli. Aux Paysans. Le vote du Plébiscite de 1870, brochure. . . . . 50 cent.
*** Danger de la Médecine et des Préparations pharmaceutiques, par un Philosophe, brochure. . 1 fr.

L'abbé C*.** Au Clergé français. — A bas les masques. — Caractères et Portraits. — Études sur le Clergé. 1 volume gr. in-18. . . . . 3 fr. 50.

Alexis Bouvier. Les Pauvres, 1 vol. in-18. 3 fr.

Ponson du Terrail. L'Héritage de la Maltote. La Conspiration Cadoudal, 1 vol. gr. in-18. . 3 fr.

G. de Boisville. Mélanges. — Mémoires d'un Pion. — Toullens ou une petite ville bretonne. — Études sur la Bible, 1 volume gr. in-18. . . . . . 3 fr.

Ernest Lavigne. Les Échos de Paris, 1 vol. gr. in-18. . . . . 3 fr.

Georges Mancel. Les Paysans de Paris, 1 volume gr. in-18. . . . . 3 fr.

Auguste Deschamps. Eugène Cavaignac, 2 volumes gr. in-18 jésus . . . . 7 fr.

Mannequin. Le Problème démocratique, 1 fort vol. in-8. . . . . 7 fr. 50.

Lessing. Théâtre complet, traduit par F. Salles. 3 volumes gr. in-18 jésus . . . . . 10 fr. 50.
*** Les Français sur le Rhin, broch. in-8. . 50 c.

Hadrian Ségoillot. Lettres sur l'Espagne, 1 volume in-18. . . . . 3 fr.

Martineau. Richelieu, 3 vol. in-8. . , . 22 fr. 50.

Ch. de Coster. Le voyage de Noces, 1 volume gr. in-18. . . . . 3 fr. 50.

Ch. Jolliet. Les Romans patriotiques. — La Frontière. — L'Occupation. — 1 vol. gr. in-18. . . . . 3 fr.

Paris. — Imp. Émile Voitelain et Ce ', rue J.-J.-Rousseau.

Paris. — Imp. Émile Voitelain et Cⁱᵉ, 61, rue J.-J.-Rousseau.

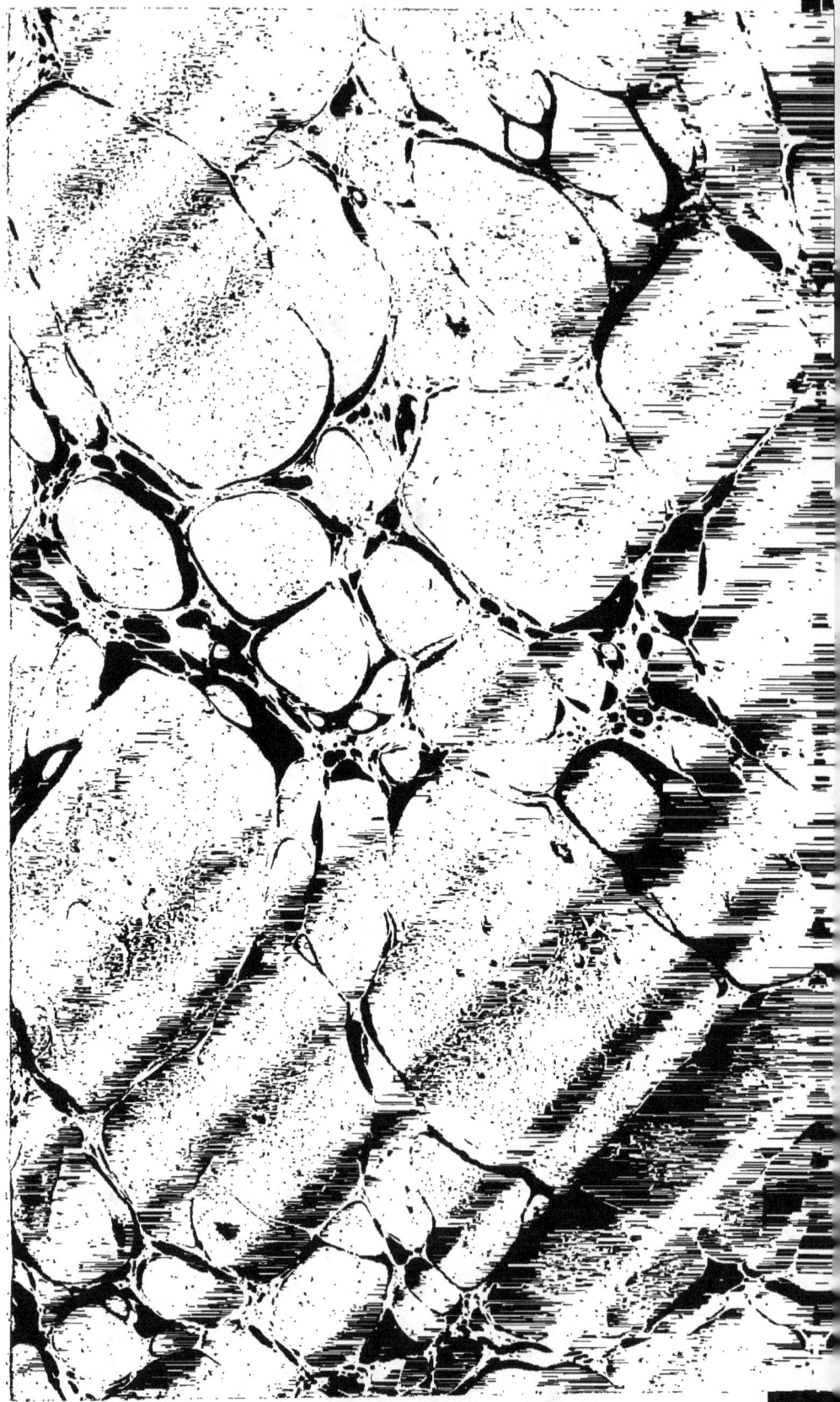

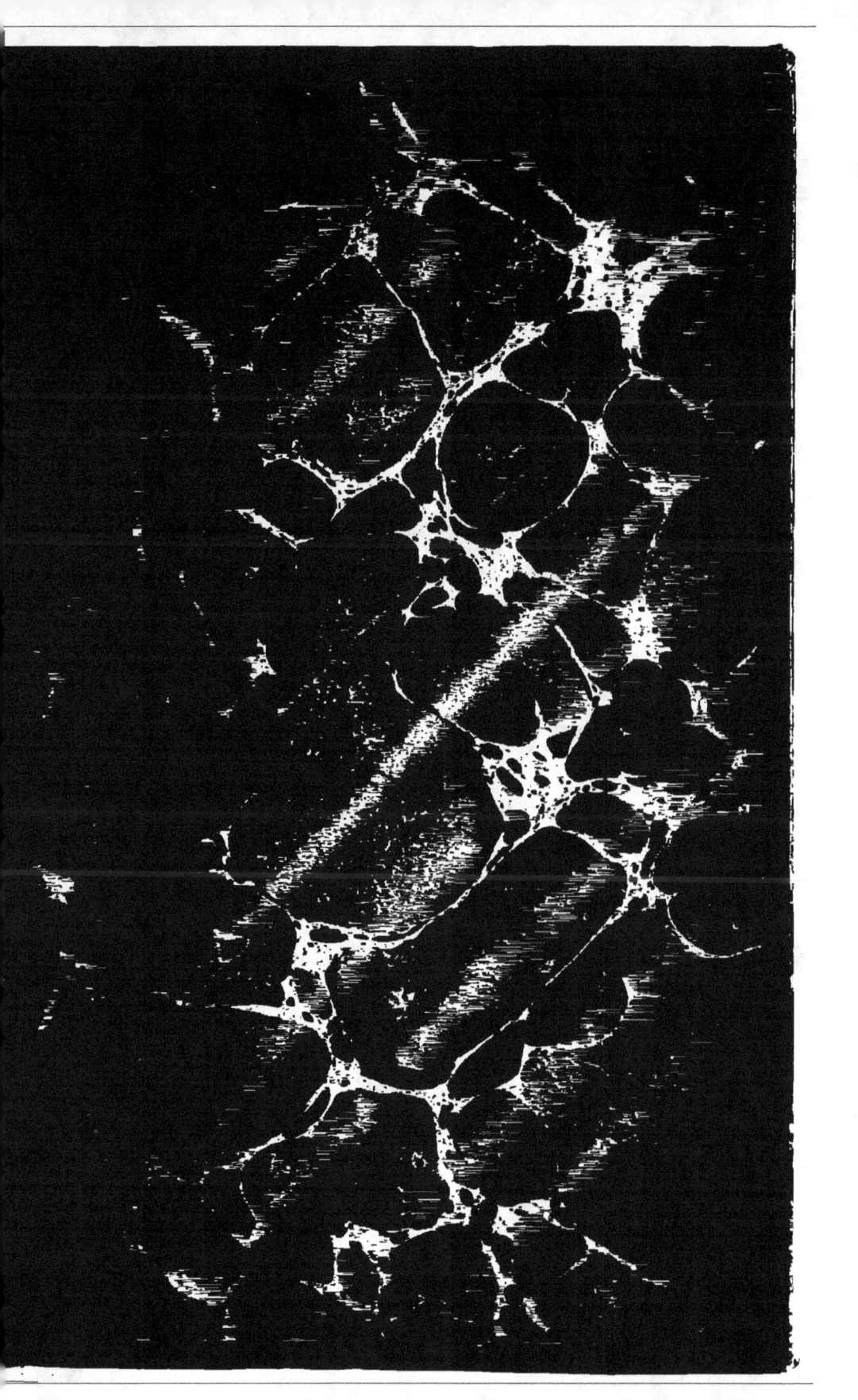